本书为西南财经大学2012年度专著出版与后期资助项目。

个人所得税制度改革研究
——基于收入再分配的视角

Individual Income Tax Reform Study
—Based on the function of income redistribution

吕 敏 著

西南财经大学出版社

图书在版编目(CIP)数据

个人所得税制度改革研究:基于收入再分配的视角/吕敏著. —成都:西南财经大学出版社,2015.12
ISBN 978-7-5504-2192-9

Ⅰ.①个… Ⅱ.①吕… Ⅲ.①个人所得税—税收改革—研究—中国 Ⅳ.①F812.424

中国版本图书馆CIP数据核字(2015)第238990号

个人所得税制度改革研究
——基于收入再分配的视角

吕敏 著

责任编辑:林 伶
封面设计:墨创文化
责任印制:封俊川

出版发行	西南财经大学出版社(四川省成都市光华村街55号)
网　　址	http://www.bookcj.com
电子邮件	bookcj@foxmail.com
邮政编码	610074
电　　话	028-87353785　87352368
照　　排	四川胜翔数码印务设计有限公司
印　　刷	郫县犀浦印刷厂
成品尺寸	170mm×240mm
印　　张	11.5
字　　数	205千字
版　　次	2015年12月第1版
印　　次	2015年12月第1次印刷
书　　号	ISBN 978-7-5504-2192-9
定　　价	68.00元

1. 版权所有,翻印必究。
2. 如有印刷、装订等差错,可向本社营销部调换。

摘　要

我国现行个人所得税法经过 30 多年的实践，对组织财政收入和调节收入分配都起到了积极作用。随着社会经济的快速发展，城镇居民的收入分配总量和分配格局出现了巨大的变化，社会财富分配相对集中，收入差距持续扩大。收入差距过大对经济增长有所损害且也有悖于和谐社会的发展目标，需要政府有意识地通过财政转移支付和税收等相关制度设计，调节收入分配，实现社会公平。现行个人所得税制度虽经一再修补，但公平和效率问题却越来越突出。十八届三中全会决定对个人所得税进行综合与分类相结合的税制改革，目标任务是建立注重公平兼顾效率的个人所得税制度。税收是政府调节个人收入分配最重要和有效的工具之一，本书重点研究基于收入再分配职能的个人所得税制度改革与设计问题。正如福利经济学所主张的，调节收入分配非常重要，即使损失一部分效率，我们也需要一个有利于低收入者的收入再分配制度。而个人所得税税收制度是重要的宏观调控制度之一。

本书的主要结构：首先，阐释税收调控居民收入分配的基础理论，对中外关于税收调控收入分配研究文献进行述评。在明确了个人所得税对收入分配的良好调控性后，从我国收入分配现状入手，研究我国收入分配差距的具体表现、特征以及发展趋势，提出增强税收政策收入再分配职能的迫切性。其次，针对我国现阶段个人所得税制度调控收入分配差距的效果进行评价，说明我国税收调控收入分配效应的弱化与逆向调节的现实，分解到各税制要素进行了多方位的原因剖析，梳理了个人所得税制度设计不合理和落后的问题。再次，通过调查问卷了解居民收入状况、类型、缴纳税状况，个人纳税申报和纳税意愿等基本信息，为个人所得税改革提供信息基础。

最后是本书的核心部分，论述定位于收入再分配职能的个人所得税制度要素的改革和设计，分别对税制模式、纳税人、应纳税额、纳税单位、生计费用、税率结构、纳税申报、税收征管等税制要素进行了一般性理论研究以及国际比较与经验研究，并侧重于对影响公平和收入差距的纳税单位、生计费用和税率结构三个要素进行较为详细的论证。第一，主张坚持以个人作为课税对象但兼顾家庭赡养人数考虑生计费用的扣除问题；第二，构建实证模型对纳税人生计费用扣除进行数量化研究，在国内首个将CPI指数和房地产价格指数同时引入生计费用扣除模型，研究了30个省（市、自治区）过去10年间存在的居民消费的差别幅度；第三，研究了对我国收入再分配起到决定作用的税率级次和累进程度设计的具体选择；第四，对保障个人所得税的实施机制——税收征管平台提出了具体的改革要求，并说明财产税和商品税作为调控手段也体现出不同层面的调控优势，其和个人所得税共同构成收入再分配的税收调控体系。至此，提出适合中国国情的基于收入再分配功能的个人所得税制度要素设计的全方位构想，并重申了税收制度设计在调节收入分配中的重要使命和意义。

与国内的其他研究文献相比较，本书可能的创新性观点有：

第一，个人所得税制度的改革和设计定位。基于我国收入分配差距的严峻性，将我国个人所得税制度设计的目标定位于调节收入分配为主，筹集财政收入为辅。很多学者认为，现阶段而言个人所得税税收规模不大，范围局限于城市，不足以实现收入分配调节功能。本书认为个税总体规模增长很快，而个人所得税制度改革与设计是要解决未来5~10年的问题，所以应将其定位为以调节收入分配为主要目标。

第二，将个人所得税改革切实与我国现阶段收入分配具体问题研究相结合。综合我国经济体制转型的住房改革、医疗改革、教育改革所形成的中国国情和民生现状，本书主张收入再分配时应适度降低劳动性收入最高边际税率，适当提高急速增长的财产性收入的税负水平，取消金融资产收入的税收优惠。

第三，坚持以个人为纳税单位。基于落实量能课税的原则，众多专家主张以家庭为纳税单位。本书通过对经济合作与发展组织（Organization for Economic Co-operation and Development，OECD）国家近20年的经验研究，发现越来越多的OECD国家放弃以家庭为纳税单位而转向以个人为纳税单位，其主要原因是家庭课税带来的巨大征管成本。就我国现有税收征管能力和征管手段而言，本书认为在不具备高辨识能力的征管系统下，应仍然坚持以个人作为纳税单位，但是在此基础上同样可以考虑配偶扣除、抚养扣除、住院未报销扣除在内的各项扣除，以尽可能达到按照家庭的实际负担能力课税的目标。

第四，个人所得税要素的设计——生计费用扣除额的设定是最基础的公平，也是公平的基础。在考虑生计扣除额时，本书写作时执行的 2 000 元的扣除标准是参考 2007 年全国城镇居民人均消费以及全国城镇居民人均赡养比为基准制定的。本书的创新点在于提出了生计费用扣除额的科学设定，主张考虑基本宽免额结合附加扣除额的模式，提出仍以全国平均消费支出为基础确定人均基本宽免额，按照家庭实际赡养人数据实扣除；将住房贷款利息支出、住院医疗支出未报销部分、教育支出等重要或者特殊支出考虑为附加扣除。此外，本书通过将物价指数和房地产物价指数对全国 30 个省（市、区）费用扣除模型进行实证研究，根据各地区基本消费支出的异质性差异较大的实证结论，建议应将通货膨胀率引入每一年基本宽免额的调整，对于附加扣除应允许据实扣除或者限额扣除。

本书的不足和以后的研究方向：

由于受到数据资料的限制和个人知识限制，本书对个人所得税对收入分配调控效应的数量分析仍然不足，对个人所得税制度的要素设计也较多地停留在一般性比较研究和定性分析方面，仅对费用扣除进行了一定的定量研究。期待在未来可以用更先进的计量经济方法和实验经济学方法对个人所得税制度做进一步研究，为每个家庭的生存和发展、责任与激励设定一个科学合理的制度规范。

关键词：收入分配；个人所得税；改革

Abstract

This article is a design study which is based on the function of individual Income Tax system of Income redistribution, in the total distribution income of the urban residents and distribution pattern there appeared a huge change, social wealth is relatively concentrated and distribution of income gap is increasingly enlarged with the deepening of China's reform of the income distribution system. In order to avoid damages that the income gap would do to the economic growth and also the departing from the goal of the harmonious society development, the government needs to adjust income distribution and make the social justice realized through designing the tax system.

Taxation is the most important and effective tool which the government uses to regulate personal income distribution. This paper focuses on the individual income tax system design. As the welfare of economics describes, adjusting income distribution is equally important, which means we need to find redistribution system to benefit low-income earners, even lower the efficiency.

This paper firstly explains the basic theories of tax regulation of income distribution, makes a comment on the papers, documents and literatures about income distribution. After clarifying of the good regulation of individual income tax, it studies, starts with the status of distribution in our country, on the phenomenon of citizen income differences, characteristics and trend of development, then raises urgency of strengthening the functions of the income redistribution tax policy. Secondly, this paper makes an evaluation on the outcomes that the individual income tax system affects on the income gap, according to reality that affection weakening and adjusting on contrary of tax regulation on income distribution, partitions the tax factors to analyses the reasons broadly, and combs irrationality of personal income tax system design.

Thirdly, makes a better understanding of the basic information about personal income, type, tax declaration status and the willing to pay personal income tax, provides basic information to the revolution of individual tax system.

The core part focuses on design of the income distribution tax system, through basic studies on mode of tax system, taxpayer, tax liability account, object of taxation, expense on means of livelihood, tax rate structure, tax declaration, tax collection and management, purpose on doing some research of basic theories and practice experience of other countries tax system. Emphasizes on the object of taxation, expense on means of livelihood, tax rate structure that affect on fairness and the income gap. At the end of the paper, explores the authors own opinions on tax collection and management, indicates the complementary effect ion of property tax and commodity tax which is also responsible, as the individual income tax does, for the income regulation. Then puts forward all-round excogitation based on the factors of income redistribution tax system or the Chinese national condition. And reaffirm the importance of tax system design to the regulation of income distribution.

Comparing with other domestic literatures, this paper is distinctive and innovative in several ways below:

First, the personal income tax reform and the positioning of design. On the basis of the analysis on precarious position of the income distribution gap, the state of personal income tax system design goal orientated in adjusting income distribution, raise revenue. Nowadays, the personal income tax is still confined in the city area that limits the adjustment function. The goal of the income tax system reform and the design is to solve the problem of 5~10 years.

Second, this thesis doesn't advocate increasing tax levels of high earners, bases on the design goal of income redistribution tax system. The reform should focus on properly reduce the tax burden of low-income families; adjust the structure of high income tax burden of the family, bases on the medical reform, education reform, housing reform and the people's livelihood after that, residents' income situation at the first distribution and the distribution of financial assets.

Third, the individual income tax elements - reform of tax unit. Through the studies on the practice and theories of OECD countries levy taxes unit and China's history and culture, social status and the tax collection and management ability, this paper advocates making the individual, not family, as the tax unit. The executive power of tax system can reveal fair more than an ideal of tax system.

Fourth, the design of individual income tax factors - scientific setting of the deductions of livelihoods is the most basic fairness and also the basic of fairness. Considering the tax deductions on means of live hood, the tax system should not only concern about in number of the members in a family, the heterogeneity differences of the basic living expenditure of regional income, housing loan interest expenses, but also the inflation and real estate price index, these factors should be all put into living expenses deducted model. This paper makes a quantitative research on the reasonable adjustment range of living expense deduction standard in 30 provinces and cities, looking for the scientific system to guarantee the survival and development of every family.

Due to the limited data, there is insufficiency in the quantitative analysis in regulation effects of the income distribution tax, analysis in personal income mainly stays in the general comparison research and qualitative analysis. Some further research in the future to make some efforts on the rationality and scientificalness of tax system is expected.

Key Words: Income Redistribution; Individual Income; Tax Reform

目 录

1 导论 / 1
  1.1 选题的背景 / 1
  1.2 研究的意义与方法 / 2
    1.2.1 研究的理论意义 / 3
    1.2.2 研究的现实意义 / 4
    1.2.3 研究的方法 / 5
  1.3 研究思路与研究内容 / 5
    1.3.1 研究思路 / 5
    1.3.2 研究内容和结构 / 6
    1.3.3 本书的创新与不足 / 7
  1.4 收入分配与个人所得税制度设计的文献综述 / 9
    1.4.1 有关收入再分配税收调控理论的文献综述 / 9
    1.4.2 个人所得税制度设计研究的文献综述 / 17

2 基于收入再分配的个人所得税制度设计的一般理论 / 24
  2.1 收入差距与收入再分配基本理论 / 24
    2.1.1 我国收入分配制度变迁以及收入分配差距 / 24
    2.1.2 税收政策收入再分配调控的基本理论 / 25
    2.1.3 个人所得税收入再分配的现代理论 / 27
  2.2 个人所得税制度设计理论 / 31
    2.2.1 税制设计的一般原则 / 31

  2.2.2 公平课税论 / 33
  2.2.3 最优税制理论 / 34
  2.2.4 财政交换论的个人所得税制度设计思想 / 35

3 我国城镇居民收入分配问题与个人所得税改革定位 / 37

3.1 城镇居民收入分配差距与特征 / 37
  3.1.1 收入分配差距的指标化测度 / 37
  3.1.2 我国居民收入分配问题呈现的特点 / 43

3.2 近年城镇居民收入来源构成分析 / 48
  3.2.1 工薪收入比重下降，财产性收入明显上升 / 48
  3.2.2 城镇居民收入构成的区域分布 / 49
  3.2.3 我国居民金融资产状况 / 49

3.3 收入分配差距扩大的制度性原因分析 / 51
  3.3.1 城镇居民收入差距源于分配制度改革深化和再分配政策的弱化 / 51
  3.3.2 地区之间、行业之间的收入差距主要由政策性因素形成 / 52
  3.3.3 政策向资本市场倾斜也加速了收入分配的差距 / 52

3.4 收入分配问题与个人所得税制度改革功能定位 / 53
  3.4.1 收入分配状况要求对个人所得税制度改革重新定位 / 53
  3.4.2 个人所得税是调控收入分配最有力的税收手段 / 56

4 现行个人所得税制度收入再分配功能的理论分析 / 60

4.1 现行个人所得税制度简述 / 60

4.2 个人所得税制度调节收入分配状况分析 / 61
  4.2.1 收入再分配功能部分实现 / 61
  4.2.2 税后基尼系数显示调节效果偏弱 / 63

4.3 导致收入再分配功能偏弱的制度缺陷分析 / 64
  4.3.1 分类所得税制模式的公平缺陷 / 64

  4.3.2 调节功能没有得到充分发挥 / 65
  4.3.3 税率设计仍然不合理 / 65
  4.3.4 费用扣除缺陷导致的"量能负税"失效 / 65
  4.3.5 制度设计中财产性收入较之劳动性收入享受优惠较多，税负较低 / 67
  4.3.6 税收制度未能纠正通货膨胀带来的扭曲 / 69
  4.3.7 个人所得税的征管与服务水平减弱收入分配职能 / 70

5 现行个人所得税收入再分配功能的实证分析
——以成都市为例的问卷调查 / 73
 5.1 调查背景 / 73
 5.2 研究方法 / 73
  5.2.1 问卷的设计 / 73
  5.2.2 样本及调查方式 / 74
 5.3 结论与启示 / 74
  5.3.1 调查获得的基本信息 / 74
  5.3.2 收入差距与税负公平问题 / 74
  5.3.3 被调查者的收入状况和缴税状况 / 75
  5.3.4 被调查者的家庭规模和消费状况分析 / 78
  5.3.5 受访者对于减税的反应和税制改革的期望 / 79
  5.3.6 个人所得税自行申报管理效果的调查分析 / 80

6 个人所得税制度模式选择 / 82
 6.1 税制模式的选择 / 82
  6.1.1 个人所得税制度模式的分类 / 82
  6.1.2 西方综合与分类税制模式实践的经验研究 / 84
  6.1.3 我国的税制模式选择与考虑 / 85
 6.2 确定税基 / 86
  6.2.1 确定税基的理论研究 / 86

6.2.2 确定税基的具体选择 / 87

7 个人所得税制度要素的设计——纳税人与纳税单位的确定 / 91

7.1 纳税人的确定 / 91

7.1.1 个人所得税的税收管辖问题 / 91

7.1.2 纳税人的具体制度设计 / 92

7.2 纳税单位的选择 / 94

7.2.1 纳税单位是实现公平分配的重要税制要素 / 94

7.2.2 OECD 国家纳税单位选择的经验研究 / 95

7.2.3 我国纳税单位的现实选择 / 100

8 个人所得税制度要素的设计——生计费用的确定 / 102

8.1 生计费用的制度设计是实现收入再分配的基本保障 / 102

8.1.1 生计费用扣除额设计的一般理论 / 102

8.1.2 现行生计费用扣除额的确定依据 / 104

8.2 OECD 国家的生计费用扣除的经验研究 / 105

8.2.1 OECD 国家生计费用扣除的一般性制度设计 / 105

8.2.2 美国个税的费用扣除的具体制度设计 / 107

8.2.3 中国周边国家的生计费用扣除制度设计 / 108

8.3 引入通货膨胀指数以增强税制设计的公平性 / 109

8.4 我国生计费用扣除制度设计的实证研究 / 110

9 个人所得税制度要素设计——税率与级距 / 123

9.1 累进税率结构设计是实现收入再分配目标的重要保障 / 123

9.1.1 确定税率结构的税制设计理论 / 123

9.1.2 确定税率级次的税制设计理论 / 125

9.1.3 综合与分类税制下的税率结构设计的特征 / 126

9.2 我国税率结构的现状 / 127

9.2.1 现行税制劳动所得累进税率设计存在的收入再分配问题 / 127

  9.2.2 我国财产所得课税的比例税率 / 128
 9.3 西方国家税率结构制度改革的趋势和经验分析 / 129
 9.4 促进收入再分配的个人所得税税率设计 / 132
  9.4.1 税率结构的确定 / 132
  9.4.2 税率设计的其他考虑——社会保障费率给居民造成的负担 / 133

10 个人所得税制度的实施机制与征管改革 / 135
 10.1 个人所得税制度的实施机制 / 135
  10.1.1 个人所得税源泉课征制度与申报制度 / 135
  10.1.2 我国个人所得税申报的现状 / 137
  10.1.3 现行申报与征管制度设计的问题 / 138
 10.2 欧美国家个人所得税征管制度借鉴 / 139
  10.2.1 欧美主要国家的个人所得税征管特色 / 139
  10.2.2 发达国家个人所得税征管方式 / 144
  10.2.3 欧美国家个人所得税征管经验评述 / 147
 10.3 我国个人所得税扣缴与申报制度设想 / 150
 10.4 综合与分类税制实施机制的建设条件 / 152
  10.4.1 税务局的基础数据与信息管理平台建设 / 152
  10.4.2 其他相关制度建设 / 155
  10.4.3 个人所得税征管制度改革 / 157

附录 / 158

参考文献 / 163

后记 / 166

致谢 / 167

1 导论

1.1 背景

随着我国经济的快速发展和经济体制的深化改革，城镇居民的收入分配总量和分配格局也出现了较大的变化，社会财富愈加呈现相对集中的趋势，基尼系数显示的收入分配差距持续扩大，收入分配体制建设若不对居民收入分配差距进行有效调控，将对和谐社会的构建以及经济的持续发展产生不利的影响。就世界各国的实践来看，收入分配的严重不公平不仅会破坏法律、政治和管理制度，在法制薄弱的国家，不公平还会损害经济增长（Glaeser and shleifer，2002）。调整我国收入分配制度与收入分配差距显得非常重要与迫切。

税收是国家财政收入的重要组成部分和调控经济的重要手段，是社会经济发展的"稳定器"。个人所得税是直接税，其良税的特性被世界各国广泛采用于调节收入分配。从收入分配差距问题产生的原因看，有市场失灵的原因，以及非法创富和历史性原因等因素，完善市场经济体制是公平收入分配的主要手段，而财政转移支付、税收调节和最低工资制度都是有效的调节和控制的措施。所以，税收手段虽然不是唯一的调控手段，但的确是最重要和有效的工具之一，税收的作用是"削高"，为财政转移支付"补低"提供经济保障。即是说，通过税收合理的制度安排，在尽量不损害劳动效率的情况下，对高收入者课以较高的税收，对中低收入者可以轻税或者不课税，以保障和增加低收入者的生存和福利，调节贫富差距。自我国开征个人所得税以来，个人所得税在筹集财政收入、调节收入分配方面发挥了重要的作用。但是近年来，随着我国社会主义市场经济的不断发展，个人所得税制度设计的落后和缺陷愈加明显，尤其在调节收入分配方面显现出极度的弱势，甚至带来不少负面影响。十六届六中全会审议通过的《中共中央关于构建社会主义和谐社会若干重大问题的决定》是我国社会发展战略的纲领性文件，文件明确提出要构建公平正义、合理有序的收入分配格局，这是为达到构建社会主义和谐社会的主要任务和手段之一。解决我国收入分配差距问题在理论上和实践上都显得非常迫切。此外，在 2014 年年初的"两会"期间，收入再分配与个人所得税制度改革问题，也受到纳税人和媒体前所未有的密切关注。研究我国个人所得税制度在收入再分配功能上存在的问题及其收入分配特点和趋势，从而明确我国个人所得税改革和制度设计的方向成为当前我国经济学界理论与实践研究的一个重大课题。

个人所得税自从 18 世界末在英国开征以来，到现在为止全世界有 140 多个国家和地区都开征此税，属于普遍征收的世界性税种，其基本职能在最初自然都是为了筹集财政收入。但随着市场经济的深化和税收实践的发展，税收制度成为各国政府有意识地调节收入分配和资源配置的重要工具之一。良好税制设计通过税制模式的改革、纳税单位的选择、税基的确定、税率的设计以及征管方式的确定都客观地调节了税收负担在纳税人之间的不均衡性，通过社会财富和资源的再分配，达到调节收入分配的社会公平目标。

我国个人所得税改革也面临税制功能的重新定位，基于对我国收入分配差距状况和发展趋势，个人所得税也须确立调节收入分配为主，筹集财政收入为辅的功能定位，并由此重新设计有利于保障民生，有利于公平收入分配的税收制度。现有的文献研究显示，从理论研究的角度看，以研究调节个人收入分配的个人所得税制度设计的系统文献非常少，很多学者对收入分配问题或者对个人所得税的公平问题做了较多的探索。但是，从收入分配角度研究的，对税收制度设计和征管实践等问题又少有研究，往往只是给出了一些粗线条的框架性的建议；研究个税制度优化的，侧重分析单纯从税制要素设计考虑，但针对收入分配的调节效能和征管保障机制分析甚微。因此，本书聚焦分析我国现阶段收入分配的现状、结构、特点、趋势等具体情况，着重剖析其中由个人所得税制度缺陷造成的调节弱化甚至逆向调节，并通过一般性理论研究与数量实证分析，研究个人所得税制度如何科学合理实现公平收入分配，并分项落实到各税制要素改革与设计，对生计费用等税制要素予以定量分析。本书对个人所得税的制度设计改革研究与征管建设研究，应该是有益的探索。

1.2　研究的意义与方法

建立和谐社会，关注民生与发展，都需要理顺分配制度，通过税收手段从社会公平的角度对收入分配问题进行修正，对市场失灵进行调节。基于收入再分配功能的个人所得税制度研究，是为构建良好个人所得税制度所做的探索。研究个人所得税制度公平分配的调控职能，并结合我国收入分配的理论问题和现实问题，进行专门的研究是非常必要的。目前，对个人所得税制度设计基于收入分配调节功能进行立论研究和实证考察的并不多见，将个人所得税制度各个具体要素设计定位于调节功能并进行数量化研究更少，在这方面进行系统的专注的探索当然具有重要的理论意义和现实意义。

1.2.1 研究的理论意义

首先，我国作为市场经济转型国家，随着市场资源配置的主导力增强，市场分配机制的注重效率而公平不足的特性使得我国的收入分配问题愈加严峻，个人所得税从20世纪90年代初的一个小税种成长为今天的第四大税种，使我们不得不重新审视个人所得税在中国税制以及宏观调控中的地位和作用。本书的研究定位于收入分配调节功能的个人所得税制度设计，通过全面分析居民收入分配差距的表现与特征，对我国居民收入分配差距的产生根源进行多方面思考，特别指出个人所得税制度的落后使得调控弱化甚至某种程度上的逆向调节，也是重要原因之一。通过分析和梳理我国现行个人所得税再分配的效应和问题，提出我国个人所得税的制度创新，通过税制模式、纳税单位、生计费用扣除、税率等要素设计，以及差别税负政策使得个人可支配收入总量和结构变化，从而实现分配的结果公平。研究个人所得税税收制度本身如何增强收入分配功能，是对收入分配调控理论的丰富和发展。

其次，对个人所得税制度设计和收入分配结合的研究，是对个人所得税调控理论的丰富。国民收入的初次分配结果将影响个人所得税的定位乃至整个制度设计，个人所得税需要完成筹集财政收入和调控收入分配的两大目标，如果基尼系数处在合理区间，筹集财政收入就是主要目标，而调节收入分配的制度设计主要满足收入目标，如果初次分配导致收入差距巨大，税收制度设计就需要站在民生和发展的角度上，在个税的构建和设计上较大程度地考虑调控职能。所以，定位于收入分配的个人所得税制度改革受到初次分配的制约，新的税制设计必须也只能以我国国民经济和收入分配的现状和趋势为基础，在定性和定量研究的基础上，才能提出合理的个人所得税调节收入分配的新主张。

最后，本书是对个人所得税制度设计的进一步研究。税制改革并非对现有落后税制进行简单修补和纠正，而是一项系统化的工程，需要结合我国现今和未来5~10年的经济环境、宏观调控目标和征管能力进行综合考虑。通过个人所得税制度中各具体税制要素的规范研究、国际比较研究和数量分析，将再分配目标融入各个税制要素设计和总体个人所得税制度设计中，是对税制设计理论的进一步探究和丰富。

1.2.2 研究的现实意义

1776年，从亚当·斯密提出税收四原则开始到各位学者对税制设计原则的研究，影响了世界各国税收制度设计的实践。两百多年来，依据收入能力和支付能力来度量纳税能力，成为个人所得税制度设计的主流，以达到收入分配调节的最佳效果。个人所得税收入再分配职能在近一个世纪以来更加受到重视，调节有差别的收入能力和福利再分配，有助于帕累托改进。个人所得税在西方国家基本上属于国家主体税种，个人所得课税贡献往往超过了地方政府财政收入的50%以上，所以政府和学者在分析所得课税的效率和影响时，多以分析个人所得税为主。虽然个人所得税目前在我国的比重只有7%左右，但是已经跃居第四大税种，收入规模增长很快，而且也已经是政府收入分配的主要手段之一。从税制改革和发展方式而言，直接税的比重将会逐年提高，税收对收入分配调控作用的充分发挥，将是我国经济转型和成熟的客观必然，这都需要对个人所得税制度基于调节收入方面有更深入的研究。所以，增进个人所得税的调节功能的税制研究，不仅是一个理论问题，更是一个具有现实意义的问题。

首先，本书以我国城镇居民收入分配的特征和现状为起点，通过各类经济指标（如基尼系数、k指数）对比研究现行个人所得税制度对调节收入分配的影响，测度指标所反映的城镇居民税前收入及税后可支配收入的变化程度，分析和揭示个人所得税在城镇居民收入再分配领域的功能效应、优势和不足，并阐释现行税制调控效应微弱，甚至逆向调节的具体原因，为现行个人所得税制度的改革提供方向和路径。

其次，本书研究了部分经济合作与发展组织国家近二十年来的个人所得税改革和发展趋势，通过对其他国家个人所得税制度模式发展的历史回顾，税制要素设计的经验研究和横向比较，以及具体到美国、英国、法国、北欧等国家及地区税制设计的具体选择，对于探索我国为减少收入差距达到公平目标的税制构建，有一定的实践指导意义。

再次，将调节收入分配的政策目标融入我国税制设计原则，是和谐社会的实践要求。对税制模式选择、税基、纳税人、纳税单位、费用扣除标准、税率与级距、申报制度与征管平台等要素的具体研究，限定于现行收入分配格局和市场经济发展趋势的现实条件,将目标定位于在筹集财政收入的同时,保障中低收入者生存权和发展权,在调节收入分配的同时也不过分扭曲经济效率和增长。这一研究对构建在民生和发展基础上的个人所得税制度设计具有实际意义。

最后,研究与阐释保障税制可实施的税收征管平台建设的具体条件。税收制度需要在国家机器和相应的征管能力的保障下才能完成,对一个法治国家来讲,"有法不依"或许比功能较弱的税收制度更糟糕。所以,研究保障税收制度可实施的税务征管硬件和平台建设,以及相关配套制度的完善,也是对税务征管实践的丰富。

所以,本书的研究不仅是收入分配理论和个人所得税制度研究的理论探究,也是对个人所得税制度优化的丰富,具有较强的理论意义和实践意义。

1.2.3 研究的方法

第一,文献研究法。通过收集、整理和梳理国内外关于对收入分配和个人所得税制度设计的书籍和论文,在其他学者已有研究成果的基础上,进一步结合我国具体情况进行分析。

第二,比较分析法。个人所得税是一个世界性的税种,具有较长的历史,采用横向比较的方法,研究其他国家个人所得税税收制度的发展和改革,尤其是个人所得税制度在收入分配调控方面所发挥的效用,吸取成功税制经验与教训。

第三,实证分析法。通过调查问卷和数量分析,了解居民收入、支出、家庭负担、税款缴纳、申报方面的基本状况和纳税主观能动性,为进一步研究提供基本信息。通过建立数量模型,研究保障家庭基本生活和发展权利的生计费用的扣除标准,得出定量分析的结果。

1.3 研究思路与研究内容

1.3.1 研究思路

首先,阐释税收调控居民收入分配的基础理论,并对中外关于税收调控收入分配研究文献进行综述。其次,对我国收入分配现状进行分析与归纳,阐述我国收入分配差距的具体表现、特征以及发展趋势,从收入分配差距扩大的趋势分析中探讨税收制度缺陷导致的收入分配效应的弱化,这些缺陷甚至在某些方面和某种程度上加深了收入分配差距的负面效应，由此提出改革个人所得税制度增强正向再分配调控的迫切性。再次，分析个人所得税在收入分配方面的弱化问题并分解到各个税制要素，进行多方面的具体分析，设计调查问卷了解民生状况，从收入状况、收入类型、税收缴纳、个人申报和纳税意愿等方面为个人所得税改革提供基础信息。最后，对税制模式、纳税人、税基、课税对象、税率结构等税制要素进行系列的一般性理论研究和比较研究，对费用扣除建立数量模型进行实证方面的定量研究，表达了对定位于调控收入分配的个人所得税制度改革的观点和见解，对我国个人所得税总体税制设计和具体税制要素选择提出了全方位优化构想。

1.3.2　研究内容和结构

全书共分十章，其中第一章为导论，阐述本书的研究背景、研究意义、研究结构和内容、创新点和不足，并对税收调控理论和个人所得税制度设计理论的国内外文献综述以及评述。

第二章是个人所得税税收调控的理论基础。首先是税收收入分配调控基础理论和历史演变指导我国现阶段税制设计。其次从个税调节收入分配的现代理论——公共选择理论、福利经济学、货币学派的税收理论说明了现代公平收入分配的理论发展对税收实践的指导。最后描述个人所得税制度设计理论，即税制设计一般原则、功利主义的税制设计思想、最优税制理论和财政交换论来说明基于收入分配的个人所得税制度设计的一些基本规范。

第三章主要分析我国城镇居民收入分配的特征和现状，以及中国收入分配现状对现行个人所得税的改革定位重新要求。本部分从基尼系数以及国家统计局等分法看待的我国城镇居民的收入分配差距的现实，剖析了城乡差距、地域差距、行业差距的特点，探讨了居民收入、劳动收入和财产性收入的基本构成，并阐释了居民金融资产的分布状况。在对收入分配产生的原因进行了简要的说明后，分析了现行个人所得税在收入分配方面可以起到的作用和应该起到的作用。

第四章对我国现行税收制度收入分配调节功能一般理论进行研究，论证了现行个人所得税对调节收入分配的积极作用和调控目标的部分实现，但通过数据论证发现调节力度偏弱，还存在收入分配作用无法实现的空白之处甚至是某种程度上的逆向调节问题。最后，从税制设计本身指出税制的落后和缺失导致的调节分配偏弱的原因，并说明随着市场经济的深化，我国税收制度将会越来越无法适应收入分配发展的态势。

第五章是采用调查问卷的实证方法对成都市个人收入状况和个人所得税等基本问题进行了分析，问卷紧紧围绕公平收入分配的主题测试了纳税人对税法公平性的感知，在分类税制下对不同类型收入的纳税状况以及个税申报的遵从情况进行了量表式的调查和分析。进一步通过问卷印证前一部分的规范分析结论，并期待这一问卷调查的结论能对个人所得税税收制度要素设计和改革提供一些基础的数据和信息。

第六章到第九章将个人所得税改革的制度设计问题分解到各个税制要素，对其进行了具体研究。对个人所得税制度模式的选择、纳税人的确定、应税收入的确定、纳税单位的确定进行了理论性研究和国际比较以及经验研究，对于适合我国具体情况的各税制要素做了一定的阐述。特别对长期困扰理论界的适合于我国的以个人为纳税单位和以家庭作为纳税单位之争进行了较为深入和全面的论证，提出了自己的观点，并重点研究了个人宽免额的确定。本书认为，宽免额相当于低收入者零税率的一档，保障个人（家庭）基本生存和发展的需要，不侵蚀低收入者的生存之本，比如何设计累进税率更加重要，是公平的基础，也是基础的公平。根据调查问卷的信息分析以及对其他国家宽免额设定的经验借鉴，本书尝试将通货膨胀率和家庭唯一的住房贷款利息纳入费用扣除模型进行考虑，并通过数理分析对区域差异化做出了一定的探究。最后，对实现收入分配功能最核心的个人所得税税率和级距的设计也进行了重点的论证和探讨。本书认为公平收入分配作用的发挥主要在于累进税率结构和级距的制度设计，并论证了在需要综合衡量个人税费总负担下对劳动性收入的累进税率和财产性收入的比例税率的选择可能。

第十章是对个人所得税实施机制——征管和申报制度的研究，重点阐释了征管弱化和申报制度缺陷带来的收入再分配功能的困境，并重点探讨了综合与分类税制下征管平台建设的基本要求和配套制度改革，为更好地实施具有较强收入再分配功能的个人所得税提供良好保障。

1.3.3 本书的创新与不足

1. 本书的创新点

第一，个人所得税制度改革和设计的定位问题。基于对我国收入分配差距的严峻性的分析，将我国个人所得税制度设计的目标定位于调节收入分配为主，而非筹集财政收入。就现阶段而言，个人所得税税收规模仍然不大，范围局限于城市，收入分配调节作用受到一定的限制，但其税收规模和速度发展很快，直接税占总体税收的比重也将会逐步提高。基于个人所得税制度改革与设计，是要解决未来5~10年的问题，随着中国经济的发展，筹集财政收入已非难事，而税收调节经济成为重要职能，所以个人所得税制度改革的定位应基于收入分配职能。

第二，调节收入分配的目标，不是继续再增加高收入者的税负，而是着力减轻中低收入者的税负，并区分各个家庭具体负担公平对待。基于我国低收入人群较多的事实，税收调节的重点是改变逆向调节和调节职能微弱的状态，特别是要依据收入分配研究中呈现的问题，解决对城镇低收入家庭赡养人口相对较多却不能按照实际赡养人数扣除生计费用，医疗改革、住房改革等市场化改革之后，住院未能报销的非自主支出及家庭唯一住房支出目前未能纳入生计费用扣除考虑的事实，主张税制改革应当尽量考虑每个家庭具体的综合负担，尽可能地接近量能负税的公平目标。

第三，主张坚持以个人而非家庭为纳税单位。基于公平和简化的税制改革原则，众多专家主张以家庭为纳税单位。本书通过对OECD成员国近二十年的经验研究，发现越来越多的OECD国家放弃以家庭为纳税单位转向以个人为纳税单位，其主要原因是家庭课税带来的巨大征管成本。就我国现有税收征管能力和征管手段而言，本书认为在不具备高辨识能力的征管系统下，应仍然坚持以个人作为纳税单位，但是在此基础上同样可以考虑配偶扣除、抚养扣除、住院未报销扣除在内的各项扣除，以尽可能达到按照家庭的实际负担能力的课税目标。

第四，主张废除"一刀切"的生计费用扣除制度。为贯彻穆勒的"量能负税"精神，在考虑生计扣除额时，将家庭赡养人数、地区收入基本生活消费支出的异质性差异、住房贷款利息支出和通货膨胀率引入生计费用扣除的数量模型，对30个省（市、区）生计费用扣除标准的合理调整幅度进行定量研究，探究保障每个家庭的生存和发展的生计费用标准的制度规范。

2. 本书的不足和努力的方向

由于受到研究数据信息的限制和个人知识限制，对收入分配初次分配和再分配问题研究还不够深入，在个人所得税制度要素设计方面也较多地在比较研究和定性分析的理论层面，仅对费用扣除进行了一定的定量研究。期待在未来可以对这个课题继续研究，学习将实验经济学运用于税收领域，为我国个人所得税制度设计、申报和征管改革提供新的研究思路和研究方法，为深入研究税收制度在收入调节方面的作用而不懈努力。

1.4 收入分配与个人所得税制度设计的文献综述

1.4.1 有关收入再分配税收调控理论的综述

1. 收入再分配税收调控理论的发展史

个人所得税自 18 世纪末在英国诞生以来，经过两百多年的发展和完善，已经成为一个世界性的税种，个人所得税的功能从设立之初的筹集战争经费到各国政府所运用的调节收入分配，成为实现社会公平最有力的税收调节工具之一。伴随着各国经济的发展，税收调控理论，包括个人所得税税收制度如何作用于收入再分配的理论也不断丰富和发展，该理论实践于各国个人所得税的税收制度设计，为各国税制的改良和优化提供了宝贵的理论与经验财富。

市场对资源的配置具有失灵的方面，市场竞争的结果是收入差距越来越大，社会初次收入分配的结果未能符合文明社会中人们对公平的理解，所以经过若干年的市场经济实践，税收调控理论经历了不同历史阶段的演变过程。

在资本主义初期，以亚当·斯密、李嘉图①、萨伊、穆勒为代表的古典经济学家主张"廉价政府""夜警政府"，政府对经济的干预减少到最小的程度，这一时期，对于税收公平原则②的阐述，一是取消贵族免税特权，二是按负担能力纳税。穆勒也强调财政目标之一在于公平分配问题，"国家可以利用课税这个工具……作为缓和财富不平等的收入的手段"，但他反对累进税率，认为其反激励作用太强，主张对所得征收税率为3%的比例税③。

当经济发展从资本主义自由阶段到垄断资本主义时，以瓦格纳为代表的经济学家对税收理论的发展做出了巨大的贡献，他反对古典经济学的小政府的主张，认为政府应该主动干预经济，他首次提出把税收分为财政意义上的税收和社会意义上的税收。主张利用税收政策调节收入分配，实现社会的公平和稳定。基于对社会制度在起点公平、过程公平设计后仍无法得到结果公平的现实，瓦格纳认为，必须通过将税收政策引入市场经济，促成收入再分配调节才能达到社会公平和效用最大化的目标，并且这能有效解决有效需求不足的问

---

① 大卫·李嘉图. 政治经济学及赋税原理 [M]. 译者不详. 北京：商务印书馆，1976.
② 亚当·斯密. 国民财富的性质和原因研究 [M]. 郭大力，王亚南，译. 北京：商务印书馆，1988：1.
③ 约翰·斯图亚特·穆勒. 政治经济学原理 [M]. 译者不详. 北京：商务印书馆，1991：378.

题。瓦格纳提出的课税的社会公平原则突出描述了税收制度需要对低收入者设定免税，并且实行累进税率，强调政府应承担提高社会福利的责任①。瑞典学派的维克赛尔和林达尔主张政府在市场失灵时需要对资源进行配置，强调课税中的公正要求，并认为财政收入原则和国民经济原则并不优先于公平原则。新古典经济学派代表马歇尔和其弟子庇古认为政府应该尽可能地增进社会整体福利，税收政策具有收入再分配的作用②。庇古作为福利经济学的创立者，在他的《福利经济学》一书中强调了对收入分配的调节，并运用数理分析方法说明了政府应该做哪些事情。20世纪30年代美国经济大萧条，使得凯恩斯主义在理论界占据重要地位并得到世界各国的广泛运用，他的《就业、利息和货币通论》③ 主张政府通过财政赤字政策和税收政策调节社会总需求，实现经济平稳发展。

在现代，以布坎南为代表的公共选择理论对税收调控进行了更为深入的研究，公共选择理论主张通过建立适宜的机制架构将市场中每个人分散的逐利行为向全民利益的最大化方面进行引导。

概括地讲，古典经济学、福利经济学、凯恩斯主义、制度经济学、公共选择理论等都从不同的视角诠释了税收调节收入分配对市场经济稳定运行的效应和影响。应该说，绝大部分经济学流派都承认财税政策的目标是包含收入再分配内容的。

2. 国外收入再分配税收调控理论的文献综述

（1）古典经济学派

在资本主义初期，以亚当·斯密、萨伊、穆勒为代表的古典经济学家主张政府对经济的干预减少到最小的程度，斯密主张的税制四原则之一是平等原则④，其含义不仅包括取消贵族免税特权，还包括量能负税。萨伊提出，唯一公平的莫如对所得实行累进税率⑤。穆勒认为税收制度是修正市场不公、缓解财富分配不公平的手段，主张征收比例税，反对累进税。他认为政府的目标应该是使每一个社会成员的效用综合最大化。德国经济学家瓦格纳从他关于税收可以矫正个人所得和财产分配的思想出发，设计了所谓理想的租税体系。这对后来的福利经济学的发展也起到了深远的影响。

---

① 毛程莲. 西方财政思想史 [M]. 北京：经济科学出版社，2003：183-185.
② 毛程莲. 西方财政思想史 [M]. 北京：经济科学出版社，2003：70.
③ 凯恩斯. 就业、利息和货币通论 [M]. 北京：商务印书馆，1983：325-326.
④ 亚当·斯密. 国民财富的性质和原因研究 [M]. 北京：商务印书馆，1988：1.
⑤ 萨伊. 政治经济学概论 [M]. 北京：商务印书馆，1982：501.

19世纪下半叶,西方国家经济出现了较快的增长,同时也出现了收入分配不公,贫富差距过于严重的情况,妨碍了各国经济和社会的和谐发展。英国经济学家埃齐沃思(Edgeworth)在1897年基于四个假定设计了一个经济模型来考察最适所得税的问题,社会的福利取决于该社会成员的福利,用代数来表述,则为:

$$W = F(U_1, U_2, \cdots, U_n)$$

社会中每个人的效用是 U_i;W 是社会福利,是个人效用的函数。社会福利最大化需要个人福利的最大化。其假设条件为在取得必需税收收入的情形下,任何一个人的效用 U_i 增加,那么社会福利就会增加,所以目标是尽可能使个人效用最大化。社会可获得的收入总额是固定的。社会福利最大化要求每个人的收入边际效用相同。即是要求税收制度使得收入分配尽可能地平等化。人们的效用函数是相同的,效用函数完全取决于人们的收入,随着收入的增加,人们的境况得到改善,但是改善的速度是递减的。

所以,埃齐沃思模型实际上是推崇一种累进程度很高的税制,消减最高收入者的收入水平,填补最低收入者的收入,直到平均为止。埃齐沃思首次推导了"实现社会福利最大化的最优税制设计"。他将社会福利最大化与税收制度设计结合起来的思想,是一种研究方法上的创新。但其税后收入应该完全相等的个人收入分配的结论却忽略了一个重要的问题:完全均等的税后收入会降低纳税人工作的积极性,对劳动供给产生直接的负激励作用。这一缺陷导致了他所设计的最优税制很难符合实践。

(2)瑞典学派

瑞典学派(The Swedish School)是当代西方经济学的一个流派,又称北欧学派、斯德哥尔摩学派。它起源于 19 世纪和 20 世纪之交,形成于 20 世纪初期,其宏观动态经济理论起源于维克塞尔,后经林达尔和缪尔达尔等学者不断加以修正和完善,为瑞典学派的形成奠定了重要的理论基础,形成了一整套带有社会民主主义色彩的开放型混合经济理论。它有独特的理论体系和分析方法,对当代世界有重要影响。特别在北欧,政府决策形成了决定性的影响,他们在经济自由化风潮占主流的情况下极力主张国家干预经济,例如缪尔达尔提出至少是政府干预,将缓和价格、产量和就业等经济因素的波动作为政策的目标。他们主张在民主制度下,在私有化占统治地位的基础上实现部分国有化,建造福利和市场相结合的国家。其福利是指全面全民的福利制度,如周密的社会保障制度是瑞典模式的特点,使其成为"福利国家"的典范。瑞典学派主张以终生福利为特色的周密的社会保障制度,来实现收入均等化和人人有保障的理想社会，以此避免过激的社会动乱等问题。

其杰出代表有萨穆埃尔·冯·普芬多夫（Samuel Von Pufendorf），他将税收应该公正的观点，应用于各种有关收益的理论之中。瑞典学派主张采用累进税，即主张税收的均等牺牲。受瑞典学派的影响，一些北欧国家现实中形成了高税收高福利的社会制度与民生状态[①]。这在税收调节收入分配，促进社会公平的实践上是一个典型。

（3）凯恩斯主义

凯恩斯认为，税收是刺激需求的有效手段。经济危机和大量失业的主要原因是有效需求不足，即是说投资不足和消费不足。市场的自发调节不能达到供需平衡和就业充分。凯恩斯主张用财税政策进行宏观经济管理。他认为收入分配悬殊，会降低消费倾向，因为富人虽然收入很多但消费不足，只有穷人会把新增收入的绝大部分用于消费，但他们的新增收入却很有限，是不具有可支配能力的需求，这一问题导致了危机并妨碍了经济复苏。凯恩斯主张用收入再分配的办法解决这个矛盾，即把富人收入的一部分用累进税的办法集中于国家，高收入者高税，低收入者低税，再通过政府转移支出的办法用于社会各项支出、分配给穷人或由政府进行投资兴办公共工程。这样既可解决由消费倾向过低造成的消费需求不足，刺激投资，达到供需平衡并解决失业率过高的矛盾，又可以降低收入差距过大引发社会不满情绪等矛盾。这个学派的主要代表人物除凯恩斯之外，还有英国经济学家罗宾逊、哈罗德，美国经济学家汉森、萨缪尔森等。他们对凯恩斯的理论又进行了发展，并都非常注重对财政税收政策对经济的调节作用研究。

汉森主张建立一个有序而渐进的税率结构，并提出了补偿税收政策。萨缪尔森将传统的均衡论与凯恩斯的有效需求论进行结合，他主张政府控制的成分和市场的成分相互交织来组织社会生产和消费[②]，认为累进税可以消除初次分配的不平等，而且累进税是经济的内在稳定器，这种税收制度具有一定程度的自动伸缩性：一旦衰退开始，个人收入就可能下降，这时即使不降低税率，税收收入也会自动减少，由于累进税率的存在，税收收入减少的幅度要大于个人收入减少的幅度。这种减少，同政府在衰退时期应当实行减税政策以刺激需求的路径是一致的；一旦经济进入复苏和成长，公司利润和个人收入随之增加，这时即使不提高税率，税收收入也会自动增加。同样由于实行累进税制，税收

---

① 裴小革. 瑞典学派经济学 [M]. 北京：经济日报出版社，2008.
② 萨缪尔森. 经济学 [M]. 北京：商务印书馆，1979：70.

收入增加的幅度还要大于公司利润和个人收入增加的幅度。这种增加，同政府宏观调控抑制需求过旺的意图是一致的。因此，萨缪尔森和理查德·A. 马格斯雷夫明确地把再分配职能从资源配置功能中区别开来，对于再分配职能，他们认为必须引入外部伦理准则①。萨缪尔森认为：累进税收制度是一个有力而作用迅速的自动稳定器。不过，他也提出要承认这种自动稳定器的作用是有限度的，不会从根本上消除经济波动。凯恩斯主义在1929年经济危机和第二次世界大战以后对经济发展做出过很大的贡献，即使在今天也对国家决策影响甚深，但是国家干预过多过大，过分强调刺激需求，会造成政府开支过大，陷入国家债务压力，腐败问题也可能接踵而至。

（4）供应学派

其代表人物是美国学者罗伯特·孟德尔和阿瑟·拉弗。该学派20世纪70年代兴起于美国，因强调"供给可以自主创造需求"而得名。它的税收理论受到人们格外重视。供给学派的税收思想同凯恩斯主义税收思想相比有三个明显的变化：由强调刺激需求改变为强调刺激供给；由强调实行"收入再分配"改变为强调鼓励生产、工作效率和扩大收入差距；由强调政府干预改变为强调运用市场机制缩小政府经济职能。

拉弗（Arthur Laffer）认为，美国在20世纪70年代初发生通货膨胀和严重失业的主要原因在于供给不足。产生供给不足的原因是政府在税收、开支和规章制度等方面的政策失误，政府庞大的财政支出造成税务负担增加，并打击了私人增加供给的积极性，从而形成经济滞胀的局面。政府若调低针对利润、收入和资本的税率，反而会得到更多的而不是更少的税收。拉弗认为，税率下调有助于吸引潜在的风险资金，企业和民众的生产效率也会提高。拉弗从理论的角度给出了一个最优税收总量的概念，认为存在一个临界点，在这个临界点税收总量最大，超过这个临界点，税收总收入会下降。

诺贝尔经济学奖获得者、美国经济学家库兹涅茨提出了"倒U形"假说，分析人均收入水平与分配公平程度之间的关系，研究表明，收入分配有不平衡迅速加剧并恶化的趋势。更为现代的税收政策调节收入分配的研究是最优税制理论。1945年，维克里用数学的形式分析了税收对人们劳动提供的负激励效应，通过"个人提供劳动能力不同"将最优税制理论向前推进了一步，但是，由于数学方法的问题，仍然未能推导出这一方程组的解。

近半个世纪以来，对个人所得税的经济调控效果研究在实证方面丰富起

---

① 詹姆斯·M. 布坎南. 民主财政论 [M]. 北京：商务印书馆，1999：238.

来。在采用问卷调查方面,有代表性的是1956年英国经济学家布雷克对英格兰306名律师和会计师进行调查;巴落、布雷泽、摩根于1964年对1961年收入在100 000美元以上957美国个人的进行调查。其研究结果达到基本一致:所得税对劳动程度的不利影响是轻微的,在某种意义上,甚至有提高劳动努力程度的功效。对于所得课税与劳动时间变化相关度的分析方面,布雷克(1953年)与凯恩·瓦茨(1978年)均运用实际数据进行过分析,他们得出的结论是英国实际工资率的上升和劳动力供给是呈反向变化的,即是说劳动力供给曲线是内曲的,对劳动者课税会使劳动者更加努力地工作①。由此结论,我们认为个人所得税的调节功能并不会造成对劳动力遏制的效果,而它所能形成的社会个人间基本福利的保障和财富差距的缩小有助于社会的持续进步与文明。

最近20年,对个人所得税调节功能在实证方面的研究通常使用税前基尼系数与税后基尼系数进行比较而获得(包括个人所得税和社会保障税等)。经济学家Branko Milanovic(1999)运用LIS数据库对近79个国家和地区在20世纪四个阶段的初次分配基尼系数与政府调控再分配后的基尼系数进行比较。结果是:79个样本国家和地区的初次分配基尼系数平均值为0.463,而调控后的可支配收入基尼系数平均值则下降到0.322,基尼系数缩小了0.141。这主要得益于两方面的调控结果:政府的转移支付和税收调节。其中,发展中国家个人所得税调控对收入差距缩小的贡献平均数据为降低基尼系数0.063,而发达国家这一指数为0.078。研究表明,从政府再分配财政政策的总体效果看,所有样本国中政府通过再分配使最低收入的10%的人口增加了占总收入5.7%的比例,次穷的10%增加了总收入的4.0%的份额②。

Atkinson(2003)的研究发现,公共政策已经在很大程度上影响了社会收入分配过程,财富集中的压力导致税收的种类发生改变③。而Richard Bird & Eric Zolt(2005)研究发现,在多数发展中国家中,个人所得税对于减轻不平等的作用几近于零。原因很多,一个突出的问题是因为这些国家的个人所得税税收制度没有被广泛地贯彻和严格地执行下去,使得其累进功能无法完成。在这些发展中国家和转型国家中,政府需要支出政策来更好地帮助穷人,而在制度和征管存在诸多问题的情况下,消费税的分配效应似乎比所得税的效应更大,因此,政府可以考虑消费税和财产税等其他税收配套政策来实现不平等程度的减轻。

---

① 西蒙·詹姆斯. 税收经济学 [M]. 北京:中国财政经济出版社,1989:60-64.
② 陈卫东. 现行税收政策对居民收入差距的影响及改进思路 [J]. 税务研究,2006(8).
③ Askinson, A (2003), "Income inequality in OECD countries", CESIFO working paper.

3. 国内个人所得税收入再分配调控的文献综述

目前我国国内在税收调控理论上的发展并不突出，很多著作和论文主要还是对西方税收理论的学习、介绍和运用。不过，结合中国国情在实证方面的研究成果要丰富一些，主要集中在免征额的设定（很多报刊称为"起征点"）、累进税率结构和税率级次等税制要素方面。

解学智（1992）深度研究了级差性商品课税在中国调节收入分配的可行性，并认为其存在重要缺陷，而个人所得税在调节机制与征管成本方面都更具有优势，也是在解决和抑制收入分配不公方面最为有效的[①]。樊丽明（1998）在《税制优化研究》[②]中指出关于税收调控收入分配除了应该对个人所得税进行改革以增强调控收入分配外，还应当对消费税、财产税等影响个人税收负担的税种进行改革与完善。她认为缩小中国的收入差距问题的税收、财政补贴、公债、行政性收入等各大手段等，功效最大尚属税收手段。胡鞍钢（2002）针对贫富悬殊的现实，通过比较分析法对数据进行研究，发现我国存在大量的税收流失，私营经济中的高收入人群逃避纳税现象相当普遍和严重，税收贡献率和经济贡献率不符。由于现实征管的原因，个人所得税对私营业主、个体工商户的制度调节并不理想，建议政府改革税制增加逃避税成本。

高培勇（2005）在目前中国的税制格局条件下指出，个人所得税主要担任的是调节收入分配的职能。王国清（2006年）在《税收经济学》一书中对税收与经济的基本理论、税收的微观经济效应和宏观经济效应以及税制优化理论进行了深入详尽的介绍，为研究税收调控收入分配提供了一定的理论基础。岳树民（2000）在《当前中国税收政策研究》中指出税收制度的设计应该有利于收入分配调控功能的发挥。白景明、周雪飞（2003）从我国居民总体收入变化、居民收入结构以及来源变化、财产结构等方面对我国收入分配状态进行分析，提出了进行收入再分配的财税政策[③]。刘桓（2005）指出无论从各个税制建设的分工和功能上看，特别是我国离一个完善的个人所得税制度还有较大距离的情况下，个人所得税都必然是一个以调节收入分配为主要功能的税种[④]。彭海艳（2007）将影响个人所得税收入分配效应的因素进行分解，分别从税率结构、扣除项目、税收抵免、逃税额来论证税收制度是否具有收入再分

[①] 解学智. 所得课税论 [M]. 沈阳：辽宁人民出版社，1992.
[②] 樊丽明. 税制优化研究 [M]. 北京：经济科学出版社，1999.
[③] 白景明，周雪飞. 我国居民收入分配状况及财税调节政策 [J]. 财经论丛，2003（5）.
[④] 刘桓. 个税改革 专家视点 [J]. 中国税务，2005（11）.

配调节作用①。王亚芬（2006）建立计量经济模型计算了各个收入阶层的平均税率以及个人所得税对城镇居民收入分配差距的调节作用，得出我国2002年以来个人所得税逐渐发挥对收入分配差距起到正向调节作用，不过调节作用较弱的结论。赵丽萍（2007）提出了税制改革不仅需要减少收入分配差距的扩大，还需要完善税收公平机制，实现收入分配的良性规则②。匡小平（2009）总结我国收入差距过大的现象是"四过大"和"一低一慢"，对我国收入差距过大的经济制度性缺陷进行分析，并提出了完善个人所得税制度和财产税制，以及完善农村公共品供给机制和转移支付制度的对策③。杨志勇（2009）指出当前中国收入分配不尽合理，更多地与初次分配的不合理有关，个人所得税虽能在局部范围内促进收入分配的合理化，但多种约束条件可能导致其产生逆向调节作用④。殷强（2010）认为我国收入分配存在较大不公源于不合理的要素分配以及企业垄断等方面，认为所得税可以有效调节收入分配⑤。杨虹（2010）对我国城镇居民收入来源结构以及变化方面进行了分析和总体性评价，提出了调整收入分配的最重要的税种——个税改革的一些思路⑥。我国的个人所得税主要局限在城镇地区，基本上不涉及农村，税收调节范围较狭窄，这可能使税收调节功能明显区别于西方的所得税。所以，国内论文讨论个人所得税的调节功能，也限定于个人所得税可以调节的城镇范围。在城镇居民缺乏土地等生存资源的情形下，保障其生存和发展基本宽免问题更值得关注。刘扬（2014）等人通过2000—2010年中美数据比较实证研究得出，美国个人所得税平均降低不平等度6%，中国仅为0.4%，中国呈现低收入群体承担等于或者高于其收入份额的税收，而美国个税则呈现累进的纵向公平性⑦。孙钢（2014）指出要实行分类综合税制，需要纳税人按年申报和按月预缴税款，同时结合主动申报审核制度，并且允许纳税人申报纳税在一定范围内的误差。高凤勤、许可（2015）通过对征收个人所得税引发的效率和公平进行了深入的探讨，提出需要提高劳务报酬、稿酬所得的扣除标准，提出考虑赡养老人费用等专项扣除。

---

① 彭海艳. 个人所得税收入分配效应的因素分解 [J]. 统计与决策，2007（23）.
② 赵丽萍. 税制公平与公平收入分配 [J]. 税务研究，2008（1）.
③ 匡小平. 我国收入差距过大原因以及财税调节政策 [J]. 税务研究，2009（2）.
④ 杨志勇. 收入分配与中国个人所得税制度改革 [J]. 涉外税务，2009（10）.
⑤ 殷强. 强化所得税调节收入分配职能的探讨 [J]. 涉外税务，2010（12）.
⑥ 杨虹. 从城镇居民收入分配，看个人所得税改革 [J]. 税务研究，2010（3）.
⑦ 刘扬，等. 个人所得税、居民收入分配与公平 [J]. 经济学动态，2014（1）.

1.4.2 个人所得税制度设计研究的文献综述

1. 国外个人所得税制度设计研究综评

税收制度的设计是一个系统化的工程,影响税制设计的因素主要包括政治制度、经济状况、税收目标、社会文化等具体国情。税制设计通常不再满足于对现有税制的修修补补,而是为现行税制的改革提供新的目标和全方位的调整。从资本主义国家诞生,征税不再是君主的意志,而是民主政治和法制社会建设的具体要求。从这时起,对税收制度设计研究繁荣起来,总的说来,从传统的研究税收本质和自身的问题,如亚当·斯密、李嘉图、穆勒、庇古以及埃奇沃思、米尔利斯等,发展到将税收放在财政体系中,并发展到从公共选择的角度研究税收制度设计,包括瓦格纳、维克赛尔、林达尔、阿罗、布坎南、马格斯雷夫、罗森、斯蒂格利茨等人都为六税制设计理论的研究和发展做出了重大贡献。

(1) 公平课税论

公平课税论通常又被称为功利主义课税理论,植根于古典自由主义的政府观,穆勒是功利主义的代表,强调资本主义的自由与公平。公平主义课税理论认为政府有其重要作用,其特点之一是要求政府尽可能少地干预经济,仅需提供市场不能提供的公共产品和公共服务,二是强调通过税收的再分配减少贫富差距达到再分配公平,"国家可以采用课税这个工具,作为缓和财富不平等的手段"[①]。政府在起草和设计税制时,要建立这样一种既能按照公平原则筹措财政收入,又能限制行政权力对市场行为的过分干预的制度。在西蒙斯看来,实现这一目标关键在于税基的确定,他采用约翰·穆勒的支付能力标准,以黑格(Haig, 1921)和香兹(Schanz, 1896)的研究成果为基础,构想出综合所得概念和综合税基概念,其课税标准具体到个人所得税制度设计上便是采用综合所得概念设计出宽税基的累进税制,通过税前扣除和各项减免实现收入再分配制度目标。综合所得税基的思想至今都是经济学界的主流观点,受此影响,很多经济学家主张通过税基设计以实现税收横向公平,通过累进税率设计来实现纵向公平。综合税制模式因为受到理论界的极大推崇,成为很多国家个人所得税制度设计尽可能参照的标准和接近的目标。

第二次世界大战结束后到20世纪80年代产生世界性的税制改革浪潮,大量关于所得税的研究呈现于世界。扬(Young)和哈耶克(Hayek)在纵向公

---

① 约翰·斯图亚特·穆勒. 政治经济学原理[M]. 上海:世界书局, 1936:748.

平方面做出了贡献,扬指出政府应确定公平目标后选定社会福利函数,然后通过累进税率的合理设计来实现收入的再分配①。至于均等牺牲、比例牺牲和边际牺牲是政府对公平的不同理解及其对累进税制的设计。哈耶克作为新自由主义代表的经济学家,认为判断一个社会好坏的标准不是经济福利,而是人的自由程度。哈耶克特别反对把经济福利作为理想社会的目标,他认为追求经济福利目标必然导致国家过分干预经济,他认为综合所得税能够限制政府权力的无限制扩张,所以赞成在综合税基的基础上设计单一的比例税,但他极其反对累进税制,认为打着公平旗号的累进税制是政府满足自我膨胀的手段,这种制度将会破坏经济效率,只能通向衰退和奴役之路②。在横向公平的税制设计方面,阿特金森(A.B.Atkinson)从所得扣除项目方面对累进税率结构进行了研究,指出税前扣除项目实际上可以改变税率的累进程度。约翰·阿姆(John Alm)对个人所得税制度设计中的婚姻中性问题进行研究,说明税制设计可以带来婚姻红利或者婚姻惩罚结果的扭曲,研究家庭为纳税单位的公平与效率问题③。公平课税论理论上期望能在不同类型所得之间、不同经济部门之间和不同的经济行为之间实现税收中性。总之,公平课税论主张宽税基、低名义税率实现公平和效率目标,这种主张被20世纪很多工业化国家的税制改革所认同和采纳。而近年来,公平和简化成为发达国家税制改革的两大目标,就美国个人所得税税务实践来看,为了强调公平,造成了复杂的税制设计和琐碎的税前扣除项目,"成为只有少数人看得懂的法律"④,纳税申报表的填写也成为纳税人的重负,税收成本增加,腐败滋生,税收行政效率进一步下降。

(2) 最优税制理论

最优税制理论的根源可以追溯到穆勒(1817)首次提出的"牺牲"学说。穆勒认为税收公正要求每个纳税人都要承担同等的牺牲。在埃齐沃斯和庇古之后,现代福利经济学将牺牲解释为效用的损失。拉姆齐(Ramsey,1927)、米尔利斯(Mirrlees,1971)、彼得·戴蒙德和米尔利斯(Diamond & Mirrlees)等建立起来的当代最优税制理论,认为税制结构造成的牺牲应当最小。最优税制理论是研究如何以最经济合理的方法征收某些大宗税款的理论。1971年,米

---

① Young, H. Peyton. Progressive taxation and equal sacrifice, the American economic review, march 1990, vol. 80.

② 哈耶克. 自由宪章 [M]. 北京:中国社会科学出版社,1999:470-495.

③ John. Alms. "tax on the family in the individual income tax" Andrew yuang school, working paper.

④ 美国加州大学伯克利分校. 美国联邦税收征管 [M]. 北京:中央广播电视大学出版社,1998.

尔利斯（Mirrlees）站在维克里的假设和建立方程组的思路上，研究了满足于社会福利最大化与激励相容条件下的最优所得税问题。他引入"闲暇"消费品来解决个人支付能力的衡量问题，通过给出税收制度设计分析的关键参数，比如有关的分配权数、特定替代效应的大小等，求出了既能满足政府税收收入最大化又能保证税收公平的税收制度，通过一系列的数学推导，得出了最优的所得税其实是接近于线性的所得税，为分析现实的税收制度问题提供了规范标准。米尔利斯指出衡量税收公平的标准应该是个人效用而不是个人收入或者其他，因为只有效用才可以从最基本的层面代表个人的支付能力。

费尔普斯（Phelps）与米尔利斯的学生希德（Seade）根据米尔利斯的结论，通过研究得出了个人所得税的劳动能力最低的个人边际税率应为零，还得出了劳动能力最强的个人边际税率也应该为零的结论①。这一研究或许令人更加费解，一些人认为其研究结果的意义在于最适所得税率应呈倒"U"形。在税率结构设计时可以考虑中等收入者的税率应适当高些，而低收入者和高收入者应适用相对低的税率。也有一些人认为最优税制的理论研究已经偏离了实践，因为这种研究结果对现实的税制改革的指导比较小。

斯特恩（Stern，1987）通过对税收与劳动供给的研究，得出最优所得税率与劳动供给弹性负相关，当劳动供给弹性小，即对工资率的变动表现为不敏感时，较高的税率不会对劳动供给决策有大的影响，从而不会对经济效率产生大的影响；反之，若劳动供给弹性很大，对工资所得课以较高的税率则会导致实际工资率的下降，进而引起更大的劳动供给的减少。

戴蒙德深入研究了最优非线性所得税边际税率，并针对性地对个人能力和税率之间的关系做了研究，指出个人所得税边际税率的设计应该考虑税收抵免和社会福利改革，认为非线性所得税的最优边际税率的形状是敏感且易变的，并且与个人能力具有相关性，因此应注重研究个人能力的分布问题②。

格鲁伯和塞兹（Gruber & Saez，2000）研究了一个考虑四个边际税率的模型，发现处在较高收入档次的人应当比处在较低收入档次的人面临的边际税率低。这个结论的直观含义是：通过降低高收入者的边际税率，可以诱使他们提供更多的劳动，增加的税收收入可以用来增加低收入者的收入，重要的是，虽然边际税率随着收入增加而下降，但平均税率却随着收入的增加而上升，故

---

① Boskin, Michael J. The Vickrey Lecture: Form Edgeworth to Vickrey to Mirrlees, Presentation at the 47th International Atlantic Economic Conference, Montreal, Canada, 1999

② Diamond, P. A. Optimal Income Taxation: an Example with a U - Shaped Pattern of Optimal MarginalTax Rates [J]. The American Economic Review, 1998, (88): 83-95.

最适税制仍然具有累进性。塞兹的研究结论认为，收入和技能分配的曲线形状、弹性和收入效应、各收入群体占人口的权重是影响最优税率的三种决定性因素，并对功利主义社会福利函数和罗尔斯主义的社会福利函数做了模拟分析，其结果是"U"形税率结构。

理论上，最优税制理论分为最优商品课税理论、最优所得课税理论、所得税和商品税的搭配理论。税制模式的选择取决于政府的政策目标，若政府的政策目标以分配公平为主，就应选择以所得税即直接税为主体税种的税制模式；若政府的政策目标以经济效率为主，就应选择以商品税即间接税为主体税种的税制模式。在政府目标是使社会福利函数最大化的前提下，所得税的边际税率不能过高，较低累进程度所得税完全可以实现收入再分配，过高的边际税率不仅会导致效率损失，而且对公平分配目标的实现也无益。由于最优课税论在一个函数中把公平目标和效率目标统一起来，故它能分析纵向公平（累进性）与效率（激励）之间的取舍如何影响税率结构设计。所以，最优课税论相对于公平课税论的一个优势是可以用来分析合理的税率结构。

实践中，理想的最优课税理论假定政府在建立税收制度和制定税收政策时，对纳税人的信息（包括纳税能力、偏好结构等）是明确的，且政府具有充分的征管能力。在现实中，政府对纳税人和课税对象却存在严重的信息不对称，同时一国政府的征管能力和条件也有限，所以对现实税制改革的影响较小。

（3）财政交换论的个人所得税制度设计思想

瑞典经济学家维克塞尔在《公平赋税的新原理》中，主张从财政交换角度研究财政。维克塞尔指出税收是通过政治和法律程序，对个人或利益集团进行再分配。他认为纳税人可以通过政治过程表达自己的意愿，与政府和其他纳税人达成一致的可接受的协议[1]。林达尔将政府供给公共产品的数量和个人承担税收负担的份额结合起来，运用"一致同意原则"进行了更加深入的研究，通过一种拍卖机制的设计提出了著名的"林达尔均衡"，即政府将按照这一均衡数量提供公共产品并根据每个参与人的税价征税[2]。布坎南在《财政交换的税收》一书中探索和构建了财政交换的范式，分析公共选择模型下的税收和现实财政约束条件下的税收，其研究结论是：满足公平与效率的税收制度设

---

[1] 王雍君. 税制优化原理[M]. 北京：中国财政经济出版社，1995：243.
[2] 许云霄. 公共选择理论[M]. 北京：北京大学出版社，2006：175.

计,必须是考虑财政预算中个人从政府获得多少收益和效用的税收设计[①]。此外,布坎南在《民主财政论——财政制度和个人选择》中引入立宪制度考察所得税的累进性[②],另外他在《效用最大化政府下的比例和累进所得税》中也进一步分别研究了激励效应下和不存在激励效应下的比例所得税与累进所得税,得出了需约束政府膨胀,强化对政府财政支出权的约束的结论[③]。除了布坎南从个人选择方面研究税收制度,威纳和赫蒂奇也从规范和实证两个方面研究集体选择中的税制设计、公平和效率。税收公平是一个价值判断,虽然众多经济学者认为,一旦引入价值判断,真正科学的分析就结束了,但是,经济学是从哲学、社会学派生出来的学科,规范性分析一直伴随着经济学的发展,价值分析无法剥离也必不可少。这些经济学家对财政交换论的研究的最大特点是将财政支出(或者说公共品和公共服务的提供)和税收收入(或者说税率制定)结合起来,强调制度设计规范投票者对纳税人真实意愿的表达,限制政府膨胀,运用公共选择的民主程序建立宪政程序。

此外,赫维茨(Hurwicz)开创了不对称信息下的"机制设计理论",他与马斯金(Maskin)共同的研究结论是要制定合适的激励机制使得纳税人尽可能地讲真话,获得有效的申报信息。斯蒂格利茨(Stiglitz)对公共品提供机制和激励机制的设计进行了更加深入的研究,做了较大的贡献,他对最优边际税率、可替代的税基、资本所得税、税收转嫁和归宿、税制结构问题都展开了研究[④],达甘[⑤](Dagan)、瑟兰诺(Serrano)和沃力杰(Volij)放宽了信息约束环境,研究政府不知道纳税人的真实所得的情景下如何设计出一种税收制度来达到正确的税收资源分配效果,达到缩减收入差距的目的。

2. 国内个人所得税制度设计文献综评

蔡秀云(2002)从税收制度构成要素的各个方面对国际范围内的个人所得税进行了翔实的比较,对个人所得税制度设计具有一定的参考价值[⑥]。李本

[①] Buchanan, James M., Taxation in Fiscal Exchange, Journal of Public Economics, 1976, 6, p17-29.

[②] 布坎南·詹姆斯. 民主财政论——财政制度和个人选择 [M]. 北京:商务印书馆,2002.

[③] Buchanan, James M. and Roger Congleton, Proportional and Progressive Income Taxation with Utility - maximizing Governments, Public Choice, 34 (1979), 217-230.

[④] 安东尼·阿特金森,约瑟夫·斯蒂格利茨. 公共经济学 [M]. 上海:上海三联书店,1995.

[⑤] Dagan N. Serrano R. Volij Feasible Implementation of Taxation Methods, 1999 (4).

[⑥] 蔡秀云. 个人所得税制度国际比较研究 [M]. 北京:中国财政经济出版社,2002.

贵（2005）从税收政策对个人收入分配差距加以调节的角度进行了制度设计研究①。邓子基和王道树在《经济转轨时期我国个人收入的分配及其税收政策》一文中指出，税收调节个人收入的机制主要包括累进税制、税式支出、税收指数化和负所得税。郭庆旺（2001）认为在黑格·西蒙斯的综合所得概念上衡量个人所得税的累进度，那么决定累进度的基本因素有四个，即纳税单位的选择、课税所得的来源、纳税扣除以及税率。他认为，以家庭为纳税单位较之个人要更为公平；所得来源类型和渠道不同会影响个税的累进度，如果某些来源特别是资本所得来源按较低的单一税率征税或者免税，那么税制的总体累进程度很低，税率档次少可以强化征管，税率档次多可以增进累进水平。杨斌（2004）对我国个人所得税制度改革的纳税人确定规则、征税范围和税基、税率制度设计、征收方式和可选择的最低限度等问题进行了论述②。王中魁和付乳燕在《解决个人所得税税率不合理的一个数学方法》一文中写道，应纳税额关于应税所得额的连续导数的函数逼近现行分段函数可以在一定程度上解决所得税税率目前存在的税负不公平的问题③。刘遵义在《有关中国实行综合个人所得税的一些思考》④一文中比较了分类课税、综合课税和单一消费税，论证综合课税模式是适合我国个人所得税改革的模式，并对相应的配套条件和实施进行了论证。陈彦云（2005）指出如果确定高低不同的费用扣除标准，将造成各地个人所得税征收标准的千差万别，而全国统一的费用扣除标准有利于体现法律的严肃性和统一性，有利于个人所得税收入调节作用的发挥⑤。而彭月兰（2008）认为统一的免征额导致不同地区居民，不同家庭居民的税负不公⑥。沈玉萍等人（2008）从宪政角度对个人所得税生计费用扣除额的扣除标准与GDP、GNI和人均消费之比进行了国际比较和分析⑦。余显财（2010）指出以地方化的住房公积金扣除制度来平衡所得税税赋的地区差异⑧。另外，在征管制度方面，吴利群、董根泰（2008）对自行申报存在的问题进行了研究，

---

① 李本贵. 调节个人收入分配的税收政策问题研究 [M]. 北京：中国税务出版社，2004.
② 杨斌. 中国式个人所得税的制度设计 [J]. 财政研究，2004（7）.
③ 王中魁，付乳燕. 解决个人所得税税率不合理的一个数学方法 [J]. 沿海企业与科技，2005（2）.
④ 刘遵义. 有关中国实行综合个人所得税的一些思考 [M] // 吴敬琏. 比较：第2辑. 北京：中信出版社，2002.
⑤ 陈彦云. 个税费用扣除标准就该统一 [J]. 经济参考研究，2005（7）.
⑥ 彭月兰. 由我国个人所得税免征额调整引发的思考 [J]. 经济问题，2008（4）.
⑦ 沈玉萍. 以宪政为原则指导设计个人所得税费用扣除标准 [J]. 税务研究，2008（9）.
⑧ 余显财. 个人所得税免征额的制度化调整：长周期/固定式 [J]. 财贸研究，2010（5）.

提出了分类课征制度改革，以及允许采用夫妻联合申报和夯实管理的建议①。阎坤、程瑜（2010）提出在个人所得税中应根据征收对象与其他群体居民的收入差距、具体家庭的负担能力、婚姻状况和家庭成员数目的实际情况来具体选择不同的征收标准②。江镕伊（2010）提出应增加个人所得税的联合申报方式，允许纳税人自行选择申报方式，除此之外，主张个税费用扣除应实行分项扣除和标准扣除兼用的办法③。马君（2010）等人对美国个人所得税纳税单位的演变做了综述，对我国纳税单位的制定具有一定的借鉴意义④。

一些博士论文也对所得税的制度设计做了探究，郝硕博的《所得税的经济分析》对所得税特别是个人所得税对储蓄、投资和劳动供给的影响进行了研究⑤；陈松青的《我国所得税的效应分析和制度设计》对我国二元和非均衡的经济环境下的公司所得税和个人所得税的制度设计的前提和制度设计的内容进行了研究⑥；赵恒的《个人所得税论》对个人所得税理论进行了比较系统的研究⑦，是较系统的综合研究个人所得税理论的一篇论文。这些博士论文从不同立论角度对个人所得税进行了研究，具有一定的实际价值。

---

① 吴利群，董根泰. 个人所得税自行申报纳税问题研究 [J]. 税务研究，2008（1）.
② 阎坤，程瑜. 促进我国收入分配关系调整的财税政策研究 [J]. 税务研究，2010（3）.
③ 江镕伊. 完善我国个人所得税制度的建议 [J]. 税务研究，2010（3）.
④ 马君，詹卉. 美国个人所得税课税单位的演变以及对我国的启示 [J]. 税务研究，2010（1）.
⑤ 郝硕博. 所得税的经济分析 [D]. 大连：东北财经大学，2001.
⑥ 陈松青. 我国所得税的效应分析与制度设计 [D]. 厦门：厦门大学，2004.
⑦ 赵恒. 个人所得论 [D]. 大连：东北财经大学，2004.

2 基于收入再分配的个人所得税制度设计的一般理论

2.1 收入差距与收入再分配基本理论

2.1.1 我国收入分配制度变迁以及收入分配差距

收入分配一直是经济学界关注的重点问题,其概念是指国民收入在各种生产要素之间的分配和国民收入在居民之间的分配,古典经济学家主要从生产要素的角度研究收入分配。随着第二次世界大战后各国经济的强劲恢复,研究重心从国民收入分配理论转向了个人收入分配理论,即由基尼系数描述的个体收入分配的不平等和财富集中的分配差距问题,特别是库兹涅茨提出经济增长与收入分配的倒"U"形假说,引发了理论界和各国政府对收入再分配的重视。

与收入分配有关的是一国的收入分配制度,收入分配制度主要包括初次分配制度和再分配制度两个层次,初次分配是指依据各生产要素在生产活动中所发挥的效率和创造的收益来进行分配,即国民生产总值直接与劳动力、资本、土地和技术等各生产要素相联系的分配制度。收入再分配是在初次分配的基础上,政府通过财税政策、行政手段、法律等措施,调节各收入主体之间现金或实物的分配制度,是对要素收入进行再次调节。

在考察个人所得税制度在收入分配再调节功能前,我们需通过收入分配制度的变迁研究我国收入分配差距形成的原因和变化轨迹。在计划经济条件下,我国以个人劳动贡献来决定个人收入高低,设定工资级别加补贴制,其他生产要素都归属集体或国有,住房、子女教育和医疗卫生均由国家和企事业单位以"国家大包干"的公共福利方式供给。这一时期,我国经济发展水平处于解决民众生存问题阶段,平均主义特色较为突出,城镇居民收入分配呈现较高程度的均等化，劳动者剩余也不多。1978年改革开放之后，为发展生产力，打破平均分配制度下经济效率低下的局面，提出允许一部分人先富起来①。随后，按劳分配和按生产要素分配相结合的分配体系逐步形成，"功效挂钩""效率优先，兼顾公平"，市场分配机制逐步引入收入分配领域，各种资源和劳动积极性被充分调动起来，资源按市场进行较为充分的调动和配置，经济规模与经济总量增长很快，中国在消除贫困的同时，城乡收入分配矛盾和城镇内部收入分配差距也显现出来。

收入分配差距在一定程度上客观地描述了收入的分布情况。理论上来说，收入分配差距的存在是必然的也是合理的。不存在收入差距的理想社会，如空想主义代表人物欧文的"新和谐公社"尝试也最终由于道德风险等客观事实的存在而无法维系。当然，对于收入差距有个量的问题，一方面除了劳动以外，当土地，资金，个人知识、技术等生产要素参与收入分配时，市场效率的作用下必然会产生个人分配差距，而适当的收入差距本身也是经济增长机制的内生因素；另一方面，社会对收入分配差距的承受能力是有限的，要求政府将这个差距维持在社会稳定健康协调发展的范围之内，以维护社会的公平与正义。当基尼系数指标超过0.4的国际警戒线时，公平问题超越了效率问题成为人们关心的主要方面，贫富差别的显著扩大将引发社会的诸多争议，人们担心收入分配产生马泰效应，穷者愈穷，富者愈富。为遏制过度的两极分化，以公平出发的对贫困和弱势群体的转移支付和税收调节成了财税政策的重要目标。

2.1.2 税收政策收入再分配调控的基本理论

个人所得税是以个人取得的应税所得为征税对象所征收的一种直接税。1799年，英国为筹措战争经费开征个人所得税，但由于受到大资产阶级以及贵族阶层的反对，在长达几十年的时间里，一直开开停停。个税制在19世纪末资本主义国家经济迅速发展、贫富差距不断扩大之后的100多年里却迅速发展，在地域范围上从欧洲扩大到北美洲、大洋洲、亚洲、南美洲和非洲。美国于1861年建立了个人所得税，历经多次反复最终于1913年以宪法修正案的方式确定下来；日本在1887年开征个人所得税，1920年开始实施综合课征税制；法国在1914年开始实施综合个人所得税；德国个人所得税始征于1808年，经过反复修订之后也成为主体税种。越来越多的国家认同具有直接和累进特点的个人所得税来替代容易扭曲产品价格和容易转嫁的商品税。

---

① 邓小平. 邓小平文选：第2卷 [M]. 北京：人民出版社，1994：152.

在资本原始积累时期，古典经济学派奠基人威廉·配第在《赋税论》[①]中提出税收与国民财富、税收与国家经济实力之间的关系。他提出了公平、简便和最少征收费用的三大原则，并指出要知道一种税赋是益还是害，必须彻底了解人民的状况和就业状况。詹姆斯·斯图亚特提出税收应当按照立法机关制定的法律程序征税，必须制定征税最低限度原则，不能破坏税源，不能有害国民生计与资本。他认为税收应该按照人民的年收入公平分配，实行按消费比例征收的原则，认为累进税率会侵犯个人的财产、所得和利润。

在英国工业革命开始以后，资本主义在西方进入了鼎盛的发展时期，古典经济学之父亚当·斯密[②]提出著名的税收四原则：公平、确定、便利、经济。主张不应该过渡课税，并强调用复合税制取代单一税制，平均社会财富，稳定国民经济。萨伊[③]在《政治经济学概论》中提出的赋税原则与亚当·斯密相近，主张向奢侈品课征比必需品更多的税，其方法是对所得实行累进税率。

从穆勒[④]开始，有了直接税和间接税的概念划分，直接税包括所得税和财产税、遗产税等，由于具有一般不存在重复征税，且直接调节纳税人的所得，不易转嫁的特点，被认为对调节收入分配作用十分明显和有效。19世纪后半叶，瓦格纳构建了税制结构理论，包括受益税制、所得税税制，以及消费税制。而今，普遍认为消费税制可以调节消费不同产品、不同劳务的个人的收入水平，而所得税则直接调节不同企业和个人的收入水平，系统税制则可以通过不同层面和程度的对高收入者高消费者征高税，对收入分配差距做部分修正。

在收入再分配方面比较典型的是一些北欧国家，这些国家的经济政策受到瑞典学派经济思想的极大影响，瑞典学派主张采用累进税调控收入分配，他们反对自有资本主义，主张国家干预建造福利和市场相结合，且其福利是指全面全民的福利制度，比如以周密的社会保障制度来实现收入均等化和人人有保障的理想。由此，一些北欧国家在这一理论的指导下形成了高税收高福利状态[⑤]。而这一北欧模式在其他国家却几乎不可复制。

所以，二百多年来，整个税收发展史也是关于收入分配问题的思想史，个人所得税的开设多归因于各个国家为了筹措战争经费的临时税，而当经济发展到一定阶段，个人所得税收入在税收收入中的比重也迅速增加，个人所得税调

[①] 威廉·配第. 赋税论 [M]. 北京：华夏出版社，2004：37.
[②] 亚当·斯密. 国富论 [M]. 北京：商务印书馆，1988：109.
[③] 萨伊. 政治经济学概论 [M]. 北京：商务印书馆，1982：501.
[④] 约翰·斯图亚特·穆勒. 政治经济学原理 [M]. 上海：世界书局，1936：748.
[⑤] 裴小革. 瑞典学派经济学 [M]. 北京：经济日报出版社，2008.

节贫富差距、缓和社会矛盾的特性得以更优秀的表现，成为政府最有效的进行收入再分配调控的税收工具，这也是公共选择的必然结果。

2.1.3 个人所得税收入再分配的现代理论

1. 凯恩斯主义的税收理论

凯恩斯认为，税收是刺激需求的有效手段，主张用财税政策进行宏观经济管理。他认为收入分配悬殊会降低消费倾向，因为富人虽然收入很多但消费不足，只有穷人会把新增收入的绝大部分用于消费，但他们的新增收入却很有限，这一问题导致了危机并妨碍了经济复苏。凯恩斯主张用收入再分配的办法解决这个矛盾，即把富人收入的一部分用累进税的办法集中于国家，高收入者高税，低收入者低税，再通过政府转移支出的办法用于社会各项支出，分配给穷人或由政府进行投资兴办公共工程。这样既可解决由消费倾向过低造成的消费需求不足，刺激投资，达到供需平衡并解决失业率过高的矛盾，还可以降低收入差距过大引发社会不满情绪等矛盾。此外，汉森主张建立一个有序而渐进的税率结构，并提出了补偿税收政策。萨缪尔森将传统的均衡论与凯恩斯的有效需求论加以结合，他主张政府控制的成分和市场的成分交织在一起来组织生产和消费①，认为累进税可以消除初次分配的不平等，而且累进税是经济的内在稳定器，不过，他也提出要承认这种自动稳定器的作用是有限度的，不会保证从根本上消除经济波动。凯恩斯主义在1929年经济危机和第二次世界大战以后对经济发展做出过很大的贡献，即使在今天也对国家决策影响甚深，但是国家干预过多过大，过分强调刺激需求，会造成政府开支过大和税收压力。

2. 公共选择理论

公共选择理论产生于20世纪四五十年代，作为"新政治经济学"，其学术影响迅速扩大。正如森（Sen）所说，"它处理如何把个人利益、判断和福利的集合转化为社会福利、社会判断和社会选择的加总形式"②。为我们提供了一个看待公平与效率的新视角。布坎南作为公共选择学派的代表，在《宪政经济学》里面写道："公正的含义来自公正概念所适用的社会秩序的规则，讨论公正，不过是讨论相应的规则""通过不同规则对社会浮动的记过格局的分析，必然包含着对有关参与者的预设。"③ 所以，公共选择理论更注重从规

---

① 萨缪尔森. 经济学 [M]. 北京：商务印书馆，1979：70.
② Sen, social, choice, in John Eatwall, The New Palgrave: A Dictionary of Economics, vol. 4, The Macmillan Press Limited, 1987.
③ 布坎南. 宪政经济学 [M]. 北京：中国社会科学出版社，2004：54.

则设计的角度研究收入分配。市场经济的初始分配总是使得财富和福利向部分人倾斜，况且，就布坎南看来，个人间禀赋和出身的差异也使得收入差距越来越大，运气和选择同样也是影响因素，市场失灵的状况会将人们陷入更为无助的境地。为了人人有最低保障和社会稳定、减少犯罪率，合理调节收入、公平收入分配就必然成为一个公共选择，这既能在现时满足生产能力较低的人，也能为富人提供某种安全感，使其不会担心未来竞争失败，健康恶化或者意外事件等所带来的危机和困苦。① 从宏观上调节收入分配只有政府通过累进的个人所得税税收和大范围的财政转移支付的补贴才能达到。在任何一个社会，初次分配不能达到完全的公平，而民间慈善机构和个人之间的互助受益范围始终较小，不易在社会不同利益阶层之间协调且状态也不稳定。所以，以政府为主导的收入再分配职能和转移支付必然会成为各国所做出的一种公共选择。

布坎南分析了所得税，他认为比例税率与累进税率的差别会导致纳税人对成本—收益的重新衡量，在面临累进税率表时，纳税人有可能对自己获取收入的方式和金额进行调节，以使得自己的支付公共产品的需求达到"均衡"的状态。他对所得税的研究视角比较独特，他得到的结论是"那些传统福利分析所说明的能导致相对较少的过度负担的税收制度，也总是允许个人作为集体选择过程中的参加者相对更合理地进行选择的税制"②。

从公共选择学派公共品集体决定的角度，可以决定哪种税收制度在公共选择中更具效力，在各个国家设置的商品税、所得税和财产税中，普遍的观点认为，个人所得税对收入分配公平的影响是直接的，商品税则属于间接影响，而财产税（包括遗产税）作为调控收入分配功能的重要补充。布坎南主张征收遗产税和提高公办教育水平，研究通过"规则的规则"对初始的财产权利的改变来改变初始不公的状态，从而缩小结果的过大差距，还涉及税收宪政的问题。这一理论也为我国调节收入分配的税收体制提供了有力的理论基础。税收是收入分配调节的重要手段之一，在我国目前的税制结构中，个人所得税采用九级累进税率对个人财富流量进行首要的和直接的调节，起到调节过高收入、均衡财富分配的作用。消费税经过多次改革，对烟、酒、高尔夫球具、高档手表等奢侈品征收较高的消费税，对小汽车也根据其排量大小不同而征收1%~45%不等的消费税，形成了对奢侈品、高耗能产品等的消费调节，具有较好的收入再分配职能。在财产税方面，车船税的改革和房地产税制的改革也将形成

---

① 国家税务总局科学研究所. 西方税收理论 [M]. 北京：中国财政经济出版社，1997：451.
② 布坎南. 民主财政论 [M]. 北京：商务印书馆，1999：65.

有力的对财富存量的调节补充。

3. 福利经济学

福利经济学是研究社会经济福利的一种经济学理论体系，它是由英国经济学家霍布斯和庇古于20世纪20年代创立的。庇古提出了"经济福利"的概念，主张国民收入均等化，且建立了效用基数论等。庇古提出，公平和效率这两项准则是社会经济福利这一总目标的评价准则，由于税收是对国民收入的再分配，因此公平准则是税收课征的首要准则，庇古在《财政学研究》中，同意将最小牺牲作为税收的原则。他认为，国民收入由富人转向穷人，有利于增加经济福利，因为边际效用递减规律使得穷人的收入增加所带来效用要大于富人等量收入减少所减少的效用。庇古以后的福利经济学叫新福利经济学，20世纪30年代资本主义经济危机以后，英美等国的一些经济学家对福利经济学进行了许多修改和补充。特别是第二次世界大战以后，卡尔多、希克斯、勒纳、西托夫斯基等人建立在帕累托理论基础上的福利经济学被称作新福利经济学，新福利经济学又提出了许多新的问题，比如加入了效用序数论和实证研究，减弱了价值判断，但帕累托最优状态的概念依然是福利经济学最重要的分析工具。在现实的经济活动中，帕累托最优几乎不能达到，就连帕累托改进也非易事。

政府应该做的是使收入分配更加公平，以此为基点建立最优的收入分配制度。正如福利经济学的补偿原则，如果任何改变使一些人的福利增加而使另一些人的福利减少，那么只要增加的社会福利超过减少的社会福利，就可以认为这种改变的确增进了社会福利。个人所得税适度地将富人的一部分收入转移给穷人，这些转移对穷人来讲具有相对于富人更大的效用，便是社会的帕累托改进的表现。

4. 现代供给学派和货币学派的税收调节思想

供给学派是20世纪70年代出现的一个学派，主要代表人物是拉弗、罗波茨等人。拉弗在税收方面有重要的贡献，拉弗曲线被称为供给学派的思想精髓，它反映了政府税率与税收量的关系，说明边际税率和税收量既可能同方向变动，也可能反方向变动。拉弗认为，政府的财政收入取决于税率的高低和国民收入的多少，高边际税率会阻碍投资，降低资本存量，使人力资本投资减少，降低企业纳税后的投资收益，在消费价格不变的情况下，提高将来投资的成本，还会引起资本外流，这样人力资本和非人力资本存量下降，使生产率增长速度放慢，收入水平降低，所以高税率不一定就能获得高税收。而低边际税率能鼓励投资，调动人们的积极性，提高人力资本和非人力资本的存量，这样，随着国民收入的增加，政府同样可以获得较多的财政收入。所以，税率与税收并不总是按同方向变化的。拉弗分析了拉弗曲线形成的原因，原因之一是高税率促使人们在地下经济中工作，不向税务局申报收入，结果减少了政府税收，同时，高税率还鼓励人们寻找税收漏洞，这种企图耗费了资源，降低了效率；原因之二是在低税率情况下，地下经济失去吸引力，逃税的成本与低税率相比太高，所以，税基扩大，政府税收相应增加。

弗里德曼是当代美国著名的经济学家，货币主义的创始人。货币学派以限制通货膨胀和反对国家干预为主旨，其税收理论主要是从货币主义角度分析的，认为要促进经济增长就必须控制货币供应量，同时对税收政策提出以下设想：一是改革税收制度，全面降低个人所得税的基本税率，减征投资收入税，增加私人收入从而增加私人投资，促进经济增长；二是为了弥补政府直接税因减税造成的损失，要加强间接税的征收；三是实行"负所得税"。所谓"负所得税"，实际上是政府发给的补助金，它是指政府规定某种收入保障数额，再根据个人实际收入，给予适当补助。为了不把低收入者的收入一律拉平，补助金应该根据个人实际收入的多少按比例发给，运用税收手段来支付，负所得税=收入保障数额-实际收入×负所得税税率。负所得税理论对今天美国个人所得税制度产生了现实的影响。货币学派认为，实行"负所得税"，可以通过收入补助上的差别来鼓励低收入阶层的工作积极性。应该说，"负所得税"可能大大改进一个社会的再分配计划和福利计划，但是其行政效率需要通过税务实践来检验。

此外，货币学派的另一个重大贡献是于 20 世纪 70 年代后期为了应付滞胀而提出的收入指数化措施，在当时的经济滞胀时期，很多西方国家都不同程度地推行了收入政策，即对工资和物价实行冻结或者管制的政策。弗里德曼认为，工资和物价管制不是医治通货膨胀的好方法，收入指数化是可行的方案。这一方案的基本内容是：将公司债券、政府债券以及其他收入等同生活费用紧密地联系起来，即对各种收入实行指数化，使他们随着物价指数的变动而及时调整，这一指数化的方式也被西方各国广泛地用于个人所得税生计扣除费用的制定和调整。对今天各国的个人所得税税收制度的设计和改革产生了重要的影响。

2.2 个人所得税制度设计理论

就税收思想史的历史回顾来讲，公平和效率原则是公认的制度设计的一般准则。近代以来对于什么是良好税制的构成要素，议论众多，居于主导地位的税制改革理论有20世纪五六十年代的公平课税论、70年代的最适课税论和90年代复兴的财政交换论，这三大理论并称为20世纪三大税制改革理论，对税制改革的设计和实施方案都产生了直接或间接的影响。

2.2.1 税制设计的一般原则

个人所得税制度设计的一般原则主要包括公平原则、效率原则和适度原则。

1. 税收公平原则

税收公平原则以分配公平为基础，包括横向公平与纵向公平。横向公平要求相同经济能力的人应纳缴纳相同的税收，而对于相同经济能力的衡量，通常由财产、收入和消费三个方面来进行衡量。由于财产和消费很难确定和掌握，所以各个国家通常都以收入作为经济能力的确认标准，但为了体现资本等生产要素的占有差别，体现各个纳税人真实的福利水平，各国也对实际支付能力和财产存量用流转税和财产税予以补充调节。此外，横向公平还要求不能对特殊阶层免税。纵向公平是指对不同经济能力的人应该予以不同的税收，纵向公平包括两个方面，一是依据"受益能力"来缴税，即根据纳税人从政府获得的公共产品和公共服务的多少缴纳税收，二是根据"支付能力"来缴税，即根据纳税人经济能力的大小，多收入者多缴税，少收入者少缴税，很多国家都考虑累进税率来对多收入者进行收入分配调节。可是，高收入者需要缴纳多少税才符合公平的要求呢？从理论上讲，主要存在三个标准。第一是均等绝对牺牲，它要求每个纳税人在全部效用中均受到相同的损失，即是说根据边际效用递减原理，人们的收入与其边际效用呈反方向变化，收入越多，边际效用越少，如果对边际效用大的收入和边际效用小的收入征收同样比例的税收，则牺牲就是不平等的。第二是均等比例牺牲，它是指每个人在纳税上牺牲的效用与其税前总效用之比例相等。如果边际效用不变，均等比例牺牲要求征收比例税，如果边际效益递减，按照同一比例课征税收，就会使得高收入者牺牲的效用和税前总效用之比低于低收入者牺牲的效用与其税前总效用之比。为了使得两者效用损失与税前总效用之比相等，就要求课征累进税，因为高收入者的总效用总是大于低收入者的总效益。第三是均等边际牺牲，指的是每个纳税人在纳税之后的最后一个单位货币收入的效用应当相等，均等边际牺牲也称最小牺牲，因为假如每个纳税人的边际牺牲均等，全社会因纳税而受到的效用损失之和就最小。可见，均等边际牺牲具有极强的累进性，从收入分配来看，这有助于缓解收入分配，但同时也最可能伤害到高收入纳税人的劳动积极性。

2. 效率原则

效率原则包括税收的行政效率和经济效率。这是从是否有利于资源的合理配置和经济机制的有效运行来衡量的价值指标。亚当·斯密对于税收效率原则进行了首次的高度概括。他提出的最少征收费用原则具体体现在两个方面。一是征纳过程本身的效率，尽量节约征收成本，使纳税人付出的应该尽量多的等于国家的实际收入。税收行政成本包括税务机关的行政费用，也包括纳税人为缴纳税款而支出的各种奉行费用（如申报费用，聘请税务代理费用等），甚至是税吏的频繁检查，也会给纳税人带来不必要的工作上的烦忧，这也是应该避免的心理成本。二是税收和经济的效率关系，税收应尽量减少对产业经济的不必要干预，不影响生产的正常运行和发展。而如果市场配置过于偏重于效率而造成社会不公，那么通过税收进行必要的积极的干预，可以提高社会的经济运转效率。但是干预有一定的分寸，具体到个人所得税来说，在设计超额累进税率的级次和税率级距时，如果累进级次过高，级距过窄，就会伤害劳动者的工作积极性，反而产生效率损失。

3. 适度原则

税收的适度原则是财政收入原则的一个重要方面。在个人所得税这里显得尤为重要，经济文化建设的需要是无限的，但一定时期的经济承受能力是有限的。税收必须在有限的资源里进行适度的征收和适度的调节，国家征税事实上是利益单方面从纳税人手里转移到国家手里，税率越低，税负越轻，对纳税人利益流失越少，而长期的过度高税负则可能使得纳税人产生抵制心理，对逃避税产生正面的认同和依赖，反而对法制社会的形成不利。理论上讲，剩余产品价值是税收的最高限度，也就是说，在 $C+V+M$ 的过程中，税收只能是 M 的一部分，不能触及 V，V 是用于补偿直接生产过程中的劳动力消耗的，形成职工的个人收入，用于补偿职工的基本生活资料，在一切社会制度下，都必须用于劳动者本人的生产和再生产，C 是指税收不能课及必要的产品价值，这就需要在所得税的立法中包括科学免税额的规定和生计费用扣除额。所以，税收的征收需要保障社会最基本的生活要素，使保障水平随社会生产的发展而不断提高，保障社会成员最基本的生存需要和发展需要，达到调节收入差距，缓解收入分配不公的矛盾，同时也将个人税收成本保持在人们在经济上和心理上可以承受的范围之内，尽量少地造成对个人劳动和闲暇选择的扭曲。

2.2.2 公平课税论

穆勒是公平课税论的代表之一，他提出的"支付能力理论"替代了"受益说"来确定个人应该向国家缴纳税赋的多少。在这之后，税制设计的标准有了很大的改变①，这一时期，经济学家们都基本同意直接税是比间接税更加优良的税收制度，累进税更加公平。西蒙斯的学术思想植根于古典自由主义，强调自由和公平，他主张政治干预经济生活最小化，政府有其重要作用，但只需提供私人部门无法有效提供的公平品和公共服务，并通过再分配产生更大的公平。由此，政府在设计个人所得税税收制度时，必须建立一种既能按照公平原则筹集财政收入，又能限制政治程序的课税原则，而问题的关键就在于税基的选择。于是，他根据黑格和香兹的研究成果，构想出综合所得税税基的概念。西蒙斯关于所得的定义，其课税标准秉承了穆勒的支付能力标准。就香兹—黑格—西蒙斯的"毛所得"概念而言，其包括工资和薪金、经营所得、资本所得、租金、特许权使用费、附加福利、转让所得、养老金所得以及赠予和遗产所得等。他们认为这种宽所得税基能在个人的不同类型收入之间和不同的经营活动之间实现税收中性。在个人所得税的具体设计上，在综合所得概念下，采用宽税基的累进的个人所得税制度，通过税前扣除和各项减免实现收入再分配制度目标。受此影响的很多经济学家主张通过税基设计以实现税收横向公平，通过累进税率设计来实现税收纵向公平，比如，扬（Young）在他的理论著述中指出政府应确定公平目标后选定社会福利函数，然后通过累进税率的合理设计来实现收入的再分配②。不过哈耶克（Hayek）在他的《税收与再分配》一书中则表示支持在综合税基的基础设计单一比例税，综合所得税能够限制政府权力的无限制扩张，不过他认为累进税破坏经济效率，是将人类导向奴役之路③。该理论指导下的个人所得税综合税制模式和税制设计在很长时期受到理论界的推崇，成为美国等国家税制设计的重要理论基石。在20世纪70年代以后，各国以美国的个人所得税实践为模板。当然，公平课税论的税制设

---

① 安东尼·阿特金森，斯蒂格利茨. 公共经济学 [M]. 上海：上海三联书店，1995.

② Young, H. Peyton, Progressive taxation and equal sacrifice, the American economic review, march 1990, vol.80,

③ 哈耶克. 自由宪章 [M]. 北京：中国社会科学出版社，1999：470-495.

计思想遭到不少指责，为了强调公平，造成了复杂的税制设计和琐碎的税前扣除项目，纳税申报表的填写也成为纳税人的重负，税收成本增加，税收行政效率下降。

2.2.3 最优税制理论

最优税制理论是以资源配置的效率性和收入分配的公平性为准则，对如何构建合理税制体系进行的分析。构成最优税制的理论基石包括三个方面：第一，信息对称，在明确的市场结构（通常是完全竞争市场下）下对纳税人的基本信息，如纳税能力、家庭结构是明确的；第二，具有一套高效率的税收征管体系；第三，以社会福利函数作为标准函数，计算出最优税制。然而，在现实中，政府对纳税人和课税对象等信息的了解有限，同时征管能力也非常有限。所以，在这种信息不对称的情况下，最适课税理论研究的是政府如何征税才能既满足效率要求，又符合公平原则。

1971年，米尔利斯研究了满足社会福利最大化激励相容条件下的最优所得税问题。他引入"闲暇"消费品来解决个人支付能力的衡量问题，通过给出税收制度设计分析的关键参数，比如有关的分配权数、特定替代效应的大小等，求出了既能满足政府税收收入最大化又能保证税收公平的税收制度，通过一系列的数学推导，得出了最优的所得税是接近于线性的所得税。他为分析现实的税收制度问题提供了规范标准。米尔利斯指出衡量税收公平的标准应该是个人效用而不是个人收入或者其他，因为只有效用才可以从最基本的层面代表个人的支付能力。实际上，理想的最优课税理论是假定政府在建立税收制度和制定税收政策时，对纳税人的信息（包括纳税能力、偏好结构等）是明确的，且政府具有充分的征管能力。米德委员会认为，评价最优税收的一般原则，一是高收入者应该按照高平均税率征税，低收入者应按照平均税率征税；二是收入级别最高级距与最低级距的边际税率都应该特别低。第一项原则要求个人所得税税率有累进的性质，而第二项原则要求兼顾效率。其理由是高收入者受到几乎为零的边际税率的激励，会更少地选择闲暇[1]。希德也同意这样的观点。戴尔蒙德深入研究了最优非线性所得税边际税率，并对个人能力和税率之间的关系做了研究，指出个人所得税边际税率的设计应该考虑税收抵免和社会福利改革，认为非线性所得税的最优边际税率的形状是敏感且易变的，并且与个人能力具有相关性，因此应注重研究个人能力的分布问题。这些理论为我们今天

---

[1] 刘宇飞. 当代西方财政学 [M]. 北京：北京大学出版社，2000：320.

个人所得税制度的设计和研究都提供了坚实的理论基础和思路。

最优税制对个人所得税税收入分配职能的贡献主要体现在：第一，税制模式的选择取决于政府的政策目标。如果政府的政策目标以分配公平为主，就应选择以直接税为主体税种的税制模式；如果政策目标以效率为主，就应选择以商品税为主体税种的税制模式。第二，所得税的边际税率不能过高。在政府以使社会福利函数最大化为发展目标的前提下，社会完全可以采用较低累进程度的所得税来实现收入再分配，过高的边际税率不仅会导致效率损失，而且对公平分配目标的实现也无益。第三，最适所得税率应呈倒"U"型，从应用上来说，主张对中产阶层多征税，对低收入者和高收入者可以降低税负。最优税制理论界主要强调纵向公平，它将公平目标和效率目标纳入一个福利函数中综合考虑，设计出一套公平与效率相结合的税制结构。由于它将公平和效率目标统合，所以理论上它可以分析累进性与效率之间的取舍问题。即使最优税制因为条件约束问题受到极大的争议，但其自20世纪70年代初以来，仍然极大地影响着税制设计与政策问题的学术讨论。

2.2.4 财政交换论的个人所得税制度设计思想

财政交换论的税制设计是将财政支出和税制设计结合起来，强调运用公共选择理论的民主决策程序建设宪政政府，以规范税收制度规则。瑞典经济学家维克塞尔主张从财政交换角度研究财政。维克塞尔指出税收是通过政治和法律程序，对个人或利益集团进行再分配。他强调纳税人可以通过政治过程表达自己的意愿，并应当求得国家付给个人的边际效用等于个人因纳税而损失财富的边际效用，纳税人根据自己对公共品数量的效用判断应承担相应税收的数量的愿望，在交换中选择出最佳的共用品数量和税收份额匹配比例，与政府和其他纳税人达成一致的可接受的协议[①]。应该说，这种财政交换论为现代公共选择理论的形成奠定了基础。在这种政治秩序模型中，不允许引进外部强加的"平等"目的，或者依赖于"社会福利函数"，来做出基本财政结构的决策，而必须以参加政治选择过程的人们的合理权衡来达成集体的一致意见[②]。关于税制设计，布坎南构建了一个财政交换的模式，也分析了公共选择模型的税收和现实财政约束条件下的税收，其研究结论是：满足公平与效率的税收制度设计，必须是考虑财政预算中个人从政府获得多少收益的税收，如果政府在时期

---

① 王雍君. 税制优化原理 [M]. 北京：中国财政经济出版社，1995：243.
② 布坎南. 民主财政论 [M]. 北京：商务印书馆，2002：253.

t_0 中必须筹集 X 美元的财政收入,这一总量中将有多少应该从人那里筹集,有多少应该从物那里筹集,累进、比例、累退,如何按照某一收入或者财产特征加以排列。面临着公共支出计划选择税收制度问题,公共选择学派对于激励效应下和不存在激励效应下的比例所得税与累进所得税,得出了需强化对政府财政支出权的约束以及宪政制度的建立的结论。

公共选择学派认为累进税率有时候并不一定是被看作把一般购买力从富人转移给穷人的再分配工具,而是被用作"一般的"或者"集体的"目的来筹集收入,即非再分配的目的对政府也非常重要。而引入伦理准则"公平"目的时,累进税率就更加能得到接受。公共选择学派注重结果,市场经济本身具有较大的缺陷,使社会无法在人与人之间的"平等"方面进行有效的协调,为此国家应对经济进行调节。制度设计是否公平,首先要看它是否能够增进效率,还要看它是否符合人类的价值标准。人是应该生而平等的,个人出生、天然禀赋、努力程度产生的差异通过市场竞争的初次分配必然存在一定的差距,当这种贫富差距过大时,效率将受到伤害,社会稳定也被破坏,人类社会的正常次序受到影响。萨缪尔森和理查德·马斯格雷夫也明确提出把再分配职能从资源配置功能中区别开来,对于再分配职能,他们认为必须引入外部伦理准则[①],即将公平的规则引入税收制度。

在主张限定政府权力的同时,财政交换论通过合理的税收制度进行收入分配调整,通过社会保障制度保障最低收入者的收入,通过捐赠制度对不公平财富进行剥离和转移,都是达到文明社会的公平目标的途径。其思想对税收制度以及税收机制的设计有重要的意义。

---

① 布坎南. 民主财政论 [M]. 北京:商务印书馆,2002:238.

3 我国城镇居民收入分配问题与个人所得税改革定位

讨论个人所得税改革,应该先考虑其定位问题,考虑中国现阶段的经济状况和城乡居民收入分配现状,个人所得税的改革既服务于收入分配又受制于收入状况,不同的定位对税制设计有很大的影响。现阶段个人收入的分配状况与1994年全面开征个人所得税时相比已完全不同,初次分配的差距在逐渐加大,个人所得税改革的定位必须立足于我国个人收入分配的现状来进行。正如十七大报告所述,"深化收入分配制度改革,增加城乡居民收入……初次分配和再分配都要处理好效率和公平的关系,再分配更加注重公平。逐步提高居民收入在国民收入分配中的比重,提高劳动报酬在初次分配中的比重……扩大转移支付,强化税收调节,打破经营垄断,创造机会公平,整顿分配秩序,逐步扭转收入分配差距扩大趋势"。

3.1 城镇居民收入分配差距与特征

3.1.1 收入分配差距的指标化测度

1. 从基尼系数看待城镇居民收入分配差距

在经济学中,收入分配理论发展了很多测度收入差距的方法和指标,如洛伦茨曲线、基尼系数、库兹涅茨比率和等分法等。基尼系数在研究收入差距方面的使用最为广泛,其不仅能反映总体收入差别状况,也可将总收入的基尼系数(G)与其各个分项收入进行分解分析,可以较客观、直观地反映和监测居民之间的贫富差距,预报、预警居民之间出现贫富两极分化。等分法是将居民

（或者家庭）收入按高低排序，划分不同收入组，研究收入最低（最高）的一部分人口的收入和收入比重，以及中等收入人口比例及收入状况的方法。常见的有五分法、七分法等多种，我国统计局统计数据均用此法进行。在本书中采用基尼系数和等分法作为主要运用方法。

基尼系数的计算公式为：$G = Sa/(Sa+Sb)$。设实际收入分配曲线和收入分配绝对平等曲线之间的面积为 Sa，实际收入分配曲线右下方的面积为 Sb。并以 Sa 除以 $Sa+Sb$ 的商表示不平等程度。式中 Sa、Sb 分别表示洛伦茨曲线与绝对平均线、洛伦茨曲线与绝对不平均线所围成的面积。当 $G=0$，$Sa=0$，表明洛伦茨曲线与绝对平均线重合，因而此时的收入分配是完全平均的；当 $G=1$，$Sb=0$ 时，表明洛伦茨曲线与绝对不平均线重合，而此时的收入分配是绝对不平均的。显然基尼系数可在 0 和 1 之间取任何值，收入分配越是趋向平等，洛伦茨曲线的弧度越小，基尼系数也越小；反之，收入分配越是趋向不平等，洛伦茨曲线的弧度越大，那么基尼系数也越大。如果个人所得税能使收入均等化，那么，基尼系数即会变小。见图 3-1。

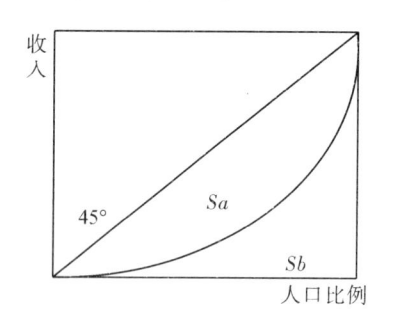

图 3-1　基尼系数图

按照国际惯例，通常把 0.4 作为收入分配贫富差距的"警戒线"。基尼系数在 0.2 以下，表示居民之间收入分配比较理想，在 0.3~0.4 为比较合理，0.4~0.6 为差距较大，0.6 以上就非常危险了。基于各种原因，中国统计局近年来未能披露官方统计的基尼系数。

表 3-1 列出了部分年份中国城镇以及全国居民基尼系数。

表 3-1　　　　　部分年份中国城镇以及全国居民基尼系数

年份	城镇居民		全国	
	国家统计局	其他单位和个人	国家统计局	其他单位或个人
2000 年	0.32		0.417	0.458
2001 年				0.459
2002 年				0.454
2003 年			0.479	0.453（世界银行）
2004 年			0.473	0.47（世界银行）
2005 年			0.485	0.496
2006 年			0.487	
2007 年			0.484	0.469
2008 年			0.491	0.474（世界银行）
2009 年			0.490	
2010 年			0.481	0.61（金融调查）①
2011 年			0.477	
2012 年			0.474	

资料来源：其他和个人的测算数据，1995 年基尼系数来源于李实，等.中国经济转型与收入分配变动 [J]. 经济研究，1998（4）.1998 年基尼系数来源于 2000/2001 世界银行发展报告 [M]. 北京：中国财政经济出版社，2000：286. 2003—2007 年基尼系数来源于 World Bank Estimates From NBS Rural and Urban Household Surveys，其他数据在本书中已经注明出处。

据 Ravallion and Chen（2007）② 研究，从 20 世纪 80 年代中期开始，中国在反绝对贫困的改革和发展过程中也伴随有收入分配不公平的差距加速扩大，基尼系数平均每 10 年上升 7% 左右。

以基尼系数体现的中国的收入分配差距见图 3-2。

---

① 西南财大中国家庭金融调查与研究中心发布了全国首份全面研究家庭金融状况的报告《中国家庭金融调查报告 2012》。
② Ravallion, Martin and Shaohua Chen, 2007, "China's (Uneven) Progress Against Poverty", Journal of Development Economics 82 (1), pp. 1-42.

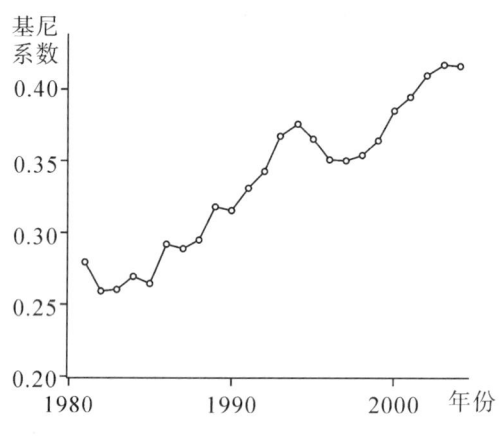

图 3-2 以基尼系数体现的中国的收入分配差距

2. 从等分法看我国居民收入分配差距

据国家统计局 2014 年统计数据，我国 2013 年全国城镇居民家庭人均总收入 29 547.1 元，比 2011 年增长 9.6%，扣除通胀因素，实际增长 7%，比上年减少 2.7 个百分点。由表 3-2 所示，城镇居民收入分配差距在过去的十多年间的确有所扩大，最高收入组的收入为最低收入组的倍数从 2000 年的 5 倍左右扩大到 2012 年的 7.58 倍，且最高收入户收入为困难户的 9.29 倍。中等收入阶层来讲，收入差距也比较大，中等偏上收入户是中等偏下收入户收入的近 1.78 倍。国家统计局把人均收入达到 69 877 元的划分到最高收入家庭，将人均收入 43 471 元的家庭划分到高收入家庭。而这高收入阶层划分状况似乎离我们现实中对富裕的概念有较大差距。中国社会科学院经济研究所研究员李实曾经专门做过城镇居民收入差距的入户调查，他的研究结论表明往往高收入的住户不愿意加入调查。这导致的结果是样本中高收入户比例偏低，造成了城镇内部收入水平和收入差距的低估。在对这种低估应该有充分的认识上，每年统计数据仍然可以反映收入变化的趋势。

表 3-2　　　　　等分法下的我国城镇居民收入状况　　　　　单位：元

项目		2003年	2004年	2005年	2006年	2007年	2008年	2009年	2010年	2011年	2012年
平均每人全年收入		9 061	10 129	11 321	12 719	14 909	17 068	18 859	21 033	23 979	26 959
最低收入户10%		2 762	3 085	3 378	3 871	4 604	5 204	5 951	6 704	7 819	9 209
	困难5%	2 278	2 531	2 733	3 129	3 745	4 187	4 936	5 483	6 445	7 520
低收入户10%		4 209	4 698	5 202	5 946	6 993	7 917	8 957	10 247	11 751	13 724
中等偏下户20%		5 706	6 424	7 177	8 104	9 568	10 975	12 345	13 971	15 881	18 374

表3-2(续)

项目	2003年	2004年	2005年	2006年	2007年	2008年	2009年	2010年	2011年	2012年
中等收入户20%	7 754	8 747	9 887	11 052	12 979	15 055	16 858	18 921	21 440	24 531
中等偏上户20%	10 464	11 871	13 597	15 200	17 685	20 784	23 051	25 498	29 059	32 758
高收入户10%	14 076	16 156	18 688	20 700	24 107	28 519	31 172	34 255	39 215	43 471
最高收入户10%	23 484	27 506	31 238	34 834	40 019	47 422	51 350	56 435	64 461	69 877
最高收入户/最低收入户	8.50	8.92	9.25	9.00	8.69	9.11	8.63	8.42	8.24	7.58

数据来源：《中国统计年鉴》(2001—2013)。

注解：

(1) 根据2013年统计数据，平均每户家庭人口2.9人，平均每1就业者负担人数为1.9人(包括就业者自己)。

(2) 城镇家庭总收入指家庭成员得到的工薪收入、经营净收入、财产性收入、转移性收入之和，不包括出售财物收入和借贷收入。

(3) 城镇家庭可支配收入指家庭成员得到可用于最终消费支出和其他非义务性支出以及储蓄的总和，即居民家庭可以用来自由支配的收入。可支配收入=实际收入-个人所得税-家庭副业生产支出-记账补贴。

从图3-3可以看出，自2003年以来，低收入户的收入仅仅是微增长状态，中等收入户收入为稳定增长状态，而最高收入户的收入是呈高速上涨态势。我们参见表3-3，同期最低20%收入群体的平均收入与全国城镇居民平均收入的比值呈下降趋势，最高20%平均收入与全国城镇居民平均收入的比重呈增长趋势。说明中低收入群体的收入差距呈收敛的趋势，而中高收入阶层的收入差距扩大。

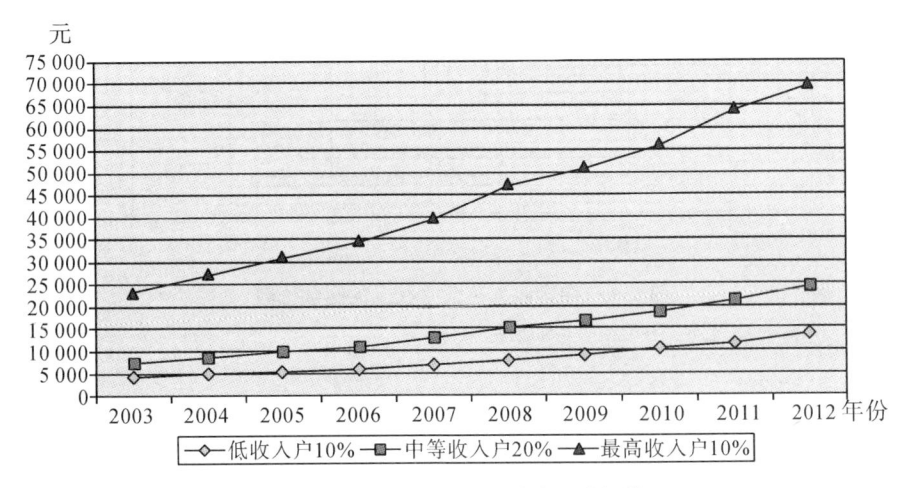

图3-3 2003—2012年城镇收入增幅情况

表 3-3　2001—2012 年城镇低收入与高收入群体的收入与平均收入对比

年份	2001年	2002年	2003年	2004年	2005年	2006年	2007年	2008年	2009年	2010年	2011年	2012年
最低20%收入群体平均收入/平均收入	0.49	0.47	0.38	0.38	0.38	0.39	0.39	0.38	0.40	0.40	0.41	0.43
最高20%收入群体平均收入/平均收入	1.87	1.89	2.07	2.13	2.21	2.18	2.15	2.22	2.19	2.16	2.16	2.10

3. 从国际比较看待我国收入分配差距

从世界范围来看，收入差距普遍存在，也是各个国家宏观调控的重点和难题，我国目前的收入差距位于世界上偏高的国家之列。自改革开放以来，中国的收入不平等状况加剧，中国已不再是 30 年前那个普遍贫困，但不平等程度很低的国家了。基尼系数上升到 2003 年的 46%①。这一数值与发达国家相比，已经高于美国、英国、日本、瑞典、德国；就发展中国家来说，仍然高于印度、印度尼西亚等国家；就转型国家来说，高于越南、俄罗斯。仅巴西和墨西哥等少数国家高于我国（见图 3-4）。所以，收入不平等的上升趋势和速度问题非常突出，收入不平等的加剧既有城乡收入差别的扩大，又有城市内部以及农村内部收入不平等叠加的结果。

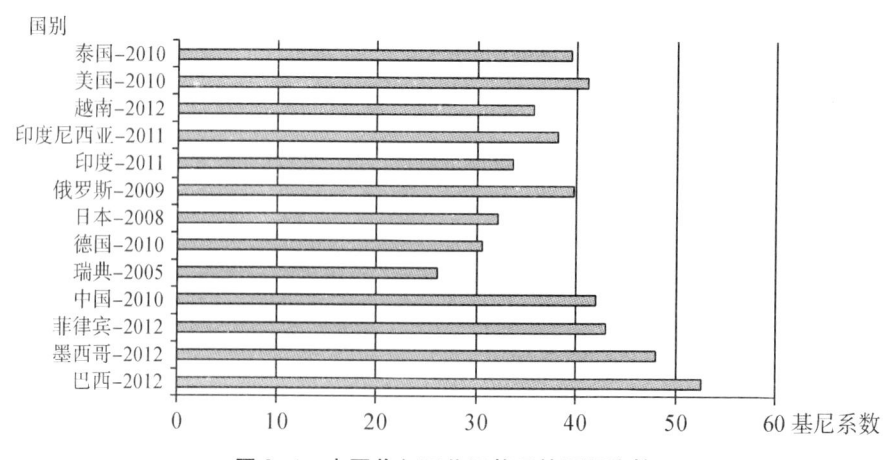

图 3-4　中国收入不公平状况的国际比较

资料来源：世界银行数据库整理所得。

---

① 国家统计局官方网站。

3.1.2 我国居民收入分配问题呈现的特点

1. 城乡居民收入分配差距加大

城市和农村的收入差距近20年来有迅速扩大的趋势,为了解决农村基础薄弱、基础设施落后、公共服务不足、农民收入增长困难问题,2004年开始,中央决定免征除烟叶税外的农业特产税,同时进行免征农业税改革试点工作。2005年12月,十届全国人大常委会第十九次会议通过决定,自2006年1月1日起全面废止《中华人民共和国农业税条例》,农业税成为历史。

如果我们把时间拉得更长一些,从表3-4、图3-5可以看出,农村和城市的差距还很大,2011年城镇居民人均收入扩大到农村居民人均收入的3.13倍。和1997年2.5比值相比扩大了很多,国家在"十二五"期间的宏观战略仍然是调整国民收入分配格局,建设社会主义新农村,坚持工业反哺农业、城市支持农村的方针,在完全取消农业税的同时逐年不断增加对农业和农村的补

表3-4　2000—2013年人均GDP,农村与城镇可支配收入比较

年份	人均GDP（元）	环比增长（倍）	农村人均纯收入（元）	环比增长（倍）	城镇人均可支配收入（元）	环比增长（倍）	城乡人均收入比（倍）
2000	7 902	1.10	2 253	1.02	6 280	1.07	2.79
2001	8 670	1.10	2 366	1.05	6 860	1.09	2.90
2002	9 450	1.09	2 476	1.05	7 703	1.12	3.11
2003	10 600	1.12	2 622	1.06	8 472	1.10	3.23
2004	12 400	1.17	2 936	1.12	9 422	1.11	3.21
2005	14 259	1.15	3 255	1.11	10 493	1.11	3.22
2006	16 602	1.16	3 587	1.10	11 759	1.12	3.28
2007	20 337	1.22	4 140	1.15	13 786	1.17	3.33
2008	23 912	1.18	4 761	1.15	15 781	1.14	3.31
2009	25 963	1.09	5 153	1.08	17 175	1.09	3.33
2010	30 567	1.18	5 919	1.15	19 109	1.11	3.23
2011	36 018	1.18	6 977	1.18	21 810	1.14	3.13
2012	39 544	1.10	7 917	1.13	24 565	1.13	3.10
2013	41 908	1.06	8 895.9	1.12	26 955.1	1.10	3.03

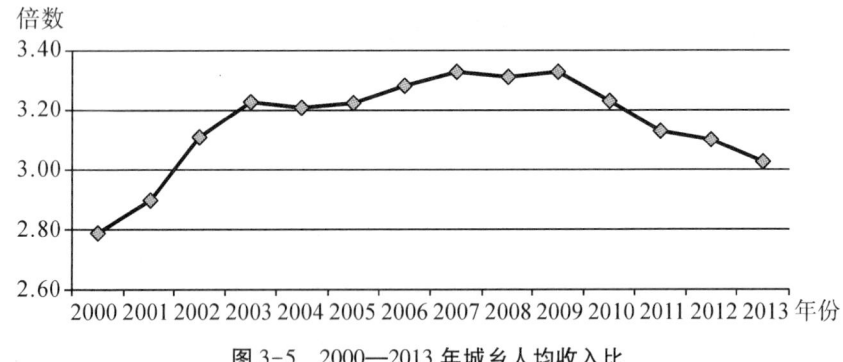

图 3-5 2000—2013 年城乡人均收入比

贴投入，农村仍然非常缺乏基础设施，公共医疗、义务教育等很多公共品资源投入严重不足。在未来相当长的时间内，农村可能还谈不上统筹征收个人所得税的问题，而是财政补贴农村、支持农业、发展农村和增加农民收入的问题。所以，对于个人所得税筹集收入、调节收入差距，仅存在于城镇居民范围之内。我们以下分析均不再说明城乡差距。

2. 区域收入分配差距扩大

我国幅员辽阔，由于自然条件地理位置不同，东部、西部和中部以及东北四大区域之间，本来就积累了较大差距，改革开放以后，受国家战略调整的影响，四大区域在财政税务政策、对外开放程度、劳动力迁移、城镇化方面差距愈拉愈大，居民收入差距表现得更为明显。1980 年以后，我国在东部沿海逐步建立了 5 个经济特区和 14 个沿海开发城市，并建立了特殊优惠的税收政策和外资审批权以及投资倾斜，再加上沿海城市得天独厚的地理位置，经济发展和居民收入提高很快。由表 3-5 可以看出，广东省 1998 年人均收入排到中国第一位，为人均 8 840 元，高于上海和北京，且比排在最后一位的甘肃高出 2.2 倍。2000 年以后，我国制订了西部大开发的税收政策和振兴东北计划以及对中部地区的政策倾斜，中西部经济有所提振，但是全国处于收入第一位的上海市与人均收入最低城市的比值一直稳定在 2.3 倍左右，绝对额差距年年增加。根据 2013 年统计数据，31 个省（市、区）城镇居民人均可支配收入超过万元，全国平均数为 26 955.1 元，而 2006 年超过万元的省份只有 12 个，但是，地区收入差距扩大的情形并未改观，最高地区与最低收入地区比较，虽然差距增长的幅度有减小的趋势，但绝对额仍然在扩大。我们发现，无论哪一年，排在前三位的均为东部地区城市。2013 年，东部地区、中部地区、西部地区、东北地区的年人均收入分别是 32 472.0 元、22 736.1 元、22 710.1 元、22 874.6 元，比值是 1.42∶0.99∶0.99∶1（见表 3-6）。在这种明显的收入差距下,如果再考虑物价水平和消费差距,那么目前人均3 500元个税免征额的政策就值得商榷。

表3-5　我国部分年度城镇居民家庭年人均收入地区差距　　　单位:元

年份	前三位			后三位			第1位与第31位的差距	
	第1位	第2位	第3位	第29位	第30位	第31位	差距额	倍数
1998	广东 8 840	上海 8 773	北京 8 472	宁夏 4 112	山西 4 099	甘肃 4 010	4 830	2.2
2000	上海 11 718	北京 10 350	浙江 9 279	吉林 4 810	河南 4 766	山西 4 724	6 994	2.49
2008	上海 26 675	北京 24 725	浙江 22 727	黑龙江 11 581	新疆 11 432	甘肃 10 969	15 706	2.43
2009	上海 28 838	北京 26 738	广东 21 575	黑龙江 12 566	新疆 12 258	甘肃 11 930	16 908	2.42
2010	上海 31 838	北京 29 073	浙江 27 359	青海 13 855	新疆 13 644	甘肃 13 189	8 649	2.41
2011	上海 36 230	北京 32 903	浙江 30 971	青海 15 603	新疆 15 513	甘肃 14 989	21 241	2.42
2012	上海 40 188	北京 36 469	浙江 34 550	黑龙江 17 760	青海 17 566	甘肃 17 157	23 031	2.34
2013	上海 43 851	北京 40 321	浙江 37 851	黑龙江 19 597	青海 19 499	甘肃 18 965	24 886	2.31

数据来源:《中国统计年鉴》(1999—2014)。

表3-6　四大区域2005—2013年城镇居民人均可支配收入比较　　　单位:元

	东部地区	中部地区	西部地区	东北地区	东:中:东北:西比值
2005年	13 374.88	8 808.52	8 783.17	8 729.96	1.52:1.01:0.99:1
2006年	14 967.38	9 902.28	9 728.45	9 830.07	1.54:1.02:1.01:1
2007年	16 974.22	11 634.37	11 309.45	11 463.31	1.5:1.03:1.01:1
2008年	19 203.46	13 225.88	12 971.18	13 119.67	1.45:1.02:0.99:1
2009年	20 953.21	14 367.11	14 213.47	14 324.34	1.46:1.01:0.99:1
2010年	23 272.83	15 962.02	15 806.49	15 940.99	1.46:1.01:0.99:1
2011年	26 406.04	18 323.16	18 159.40	18 301.31	1.44:1.01:0.99:1
2012年	29 621.57	20 697.24	20 600.18	20 759.30	1.44:1.00:1.01:1

表3-6(续)

	东部地区	中部地区	西部地区	东北地区	东：中：东北：西比值
2013年	32 472.01	22 736.11	22 710.13	22 874.55	1.43：1.00：1.01：1

数据来源：《中国统计年鉴》(2006—2014)。

解释：东部地区（10省市）：北京市、天津市、河北省、上海市、江苏省、浙江省、福建省、山东省、广东省、海南省；中部地区（6省）：山西省、安徽省、江西省、河南省、湖北省、湖南省；西部地区（12省市区）：内蒙古自治区、广西壮族自治区、重庆市、四川省、贵州省、云南省、西藏自治区、陕西省、甘肃省、青海省、宁夏回族自治区、新疆维吾尔自治区；东北地区（3省）：辽宁省、吉林省、黑龙江省。

3. 行业分配差距增加

2013年我国城镇就业人员平均工资为51 483元，比2012年增长了11.0%，与2012年11.2%的增幅基本持平，各行业职工的收入都有所增长。根据2014年的统计数据，增长最快的是金融业，平均工资达到99 653元，增速为8.65%，居城镇单位在岗职工平均工资首位。科学研究和技术服务行业平均工资增长率为7.33%，慢于信息、计算机服务和软件行业的10.87%的工资增长率，排位第三。增长最少的仍然是住宿餐饮和农林牧渔，虽然增长速度都高于10%，但仍远远低于全国平均增速，2013年农林牧渔平均工资为25 820元，仅为全国行业平均工资的50.15%。最高和最低行业收入差距为3.86∶1。见表3-7。

表3-7　　　　　　　　行业平均工资差异　　　　　　　　单位：元

年份	行业平均工资	最高行业		最低行业		最高与最低比
2008年	28 898	信息计算机软件	金融业	住宿餐饮	农林牧渔	4.37
		54 906	53 897	19 321	12 560	
2009年	32 244	金融业	信息计算机软件	住宿餐饮	农林牧渔	4.21
		60 398	58 154	20 860	14 356	
2010年	36 539	金融业	信息计算机软件	住宿餐饮	农林牧渔	4.20
		70 146	64 436	23 382	16 717	
2011年	41 799	金融业	信息计算机软件	住宿餐饮	农林牧渔	4.17
		81 109	70 918	27 486	19 469	

表3-7(续)

年份	行业平均工资	最高行业		最低行业		最高与最低比
2012年	46 769	金融业	信息计算机软件	住宿餐饮	农林牧渔	3.96
		89 743	80 510	31 267	22 687	
2013年	51 483	金融业	信息计算机软件	住宿餐饮	农林牧渔	3.86
		99 653	90 915	34 044	25 820	

资料来源:《中国统计年鉴》(2014)计算所得。

从行业收入差距看,高工资的行业和低工资的行业在排序上具有稳定性,高收入行业主要为金融业,信息计算机软件业,科研技术服务勘探业,电力、燃气、水供应业和文化体育娱乐业。低工资行业主要为建筑业、住宿餐饮业和农林牧渔业。我们从表3-7可以看出近年的趋势是,最高工资行业和最低工资行业差距略有缩小。但如果按行业大类细分,2012年收入最高的是其他金融业,人均年收入157 975元,最低的是畜牧业,人均年收入20 327元,相差7.77倍,这样细分的行业大类表现出来的收入差异更加令人担忧。对于行业分配特点,我们可以重点关注一下以下细分的十类高收入行业工资水平。

如图3-6所示,2012年,按行业大类划分的前十个行业全国就业人数为764.6万人,占到行业在岗职工人数的6.7%,但是这些行业的职工工资总额却占到了全部行业工资总额的13%。

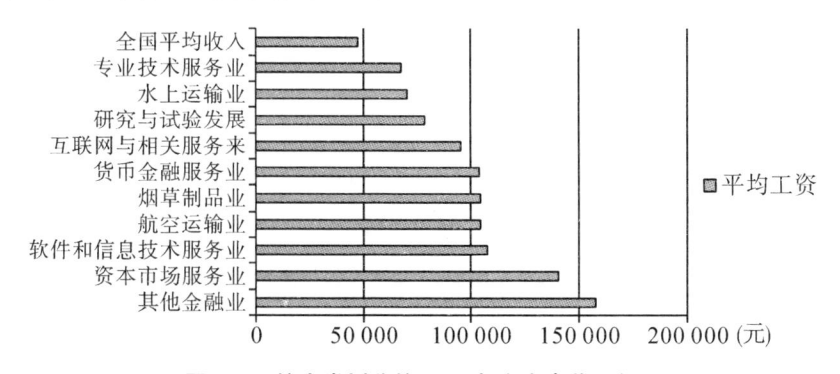

图3-6 按大类划分的2012年十大高收入行业

数据来源:《中国居民收入分配年度报告》(2013)。

3.2 近年城镇居民收入来源构成分析

3.2.1 工薪收入比重下降，财产性收入明显上升

工资性收入所占全国城镇居民人均年收入比重从1995年的79.2%下降到2012年的64.3%，2013年进一步下降为56.9%。相反，城镇居民经营净收入所占比重则从1995年的1.7%上升到2012年的18.8%。同样的，财产性收入也大幅提升，2012年财产性收入占到总收入比例为2.6%，2013年占比已经跃升到7.8%[①]。根据国家统计局城市社会经济调查司的报告[②]，从2000年到2012年，经营净收入的比重上升了5.6个百分点，转移性收入和经营性财产收入所占比重分别上升了0.7和0.6个百分点，工资性收入比重下降了6.9个百分点。就五分法不同收入分组数据来看，财产性收入比重最高的高收入组比最低的低收入组高出3.0个百分点。

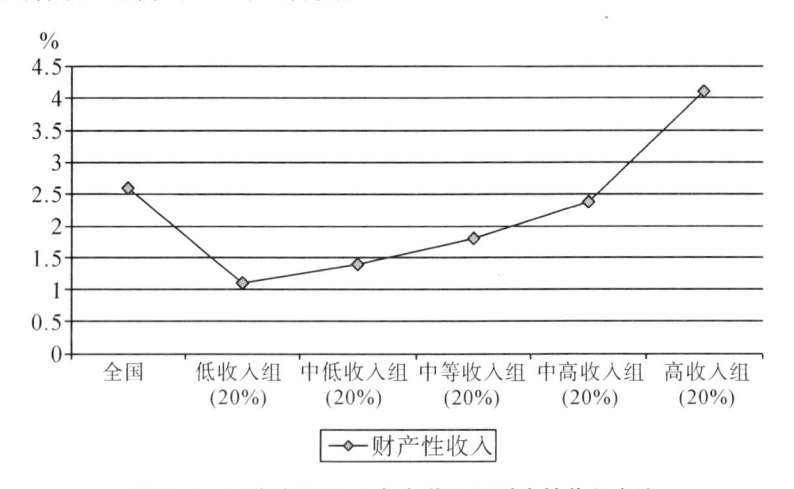

图3-7 五分法下2012年各收入组财产性收入占比

---

① 从2013年起，国家统计局开展了城乡一体化住户收支与生活状况调查，与2013年前的分城镇和农村住户调查的调查范围、调查方法、指标口径有所不同。

② 张东生. 2013年中国居民收入分配状况年度报告 [M]. 北京：中国财政经济出版社，2013：32.

3.2.2 城镇居民收入构成的区域分布

2012年,东部地区城镇居民总收入中工薪收入和财产性收入比重相对最高,工薪收入比重分别比中部、西部、东北部高出3.4、0.7、6.4个百分点,财产性收入比重分别比中部、西部、东北部高出0.7、0.7、1.4个百分点;中部地区经营净收入比重相对最高,分别比东部、西部、东北部高出0.7、1.5、0.2个百分点;东北地区转移性收入的比重相对最高,分别比东部、中部、西部高出7.3、3.8、5.2个百分点。见表3-8。

表3-8 2012年东、中、西、东北四大区域城镇居民人均总收入构成　　单位:%

	全国	东部地区	中部地区	西部地区	东北地区
工薪收入	64.3	65.7	62.3	65.0	59.3
经营净收入	9.5	9.4	10.1	8.6	9.9
财产性收入	2.6	3.0	2.3	2.3	1.6
转移性收入	23.6	21.9	25.4	24.0	29.2

3.2.3 我国居民金融资产状况

1. 居民储蓄存款占比,股票、基金、保险等资产占比上升

居民金融资产包括手持现金、金融机构存款、债券、股票、证券投资基金、证券客户保证金、保险准备金和其他。随着中国成为全球第二大经济体,居民投资意识逐步增强,除了房地产投资以外,股票和基金成为除了储蓄存款以外家庭持有最多的金融资产。从收入分组来看,高收入户的居民金融资产增幅最大,房市股市资产泡沫带来的财富效益也向高收入者积聚,导致了收入分配更加不平衡。如图3-8所示,股票和保险准备金在居民总资产中的比重呈快速上涨态势。

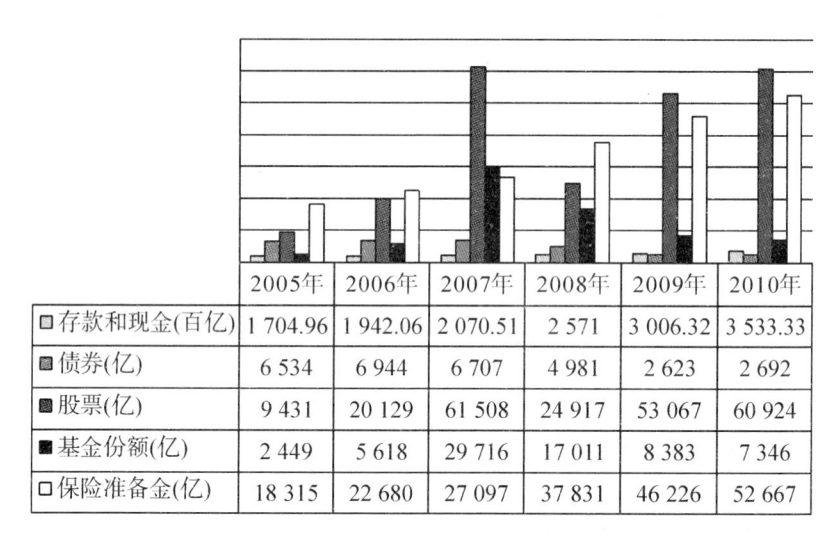

	2005年	2006年	2007年	2008年	2009年	2010年
存款和现金(百亿)	1 704.96	1 942.06	2 070.51	2 571	3 006.32	3 533.33
债券(亿)	6 534	6 944	6 707	4 981	2 623	2 692
股票(亿)	9 431	20 129	61 508	24 917	53 067	60 924
基金份额(亿)	2 449	5 618	29 716	17 011	8 383	7 346
保险准备金(亿)	18 315	22 680	27 097	37 831	46 226	52 667

图 3-8　2005—2010 年居民不同种类金融资产变化趋势

资料来源：《中国居民收入分配年度报告》(2013)。

2. 地区存量财富差异明显

2012 年年底，居民存款持有量为 40.0 万亿元，从地区分布来看，东部地区储蓄存款余额占全国的比重为 57%，中部地区为 23%，西部地区为 20%。如图 3-9 所示，如此看来，从财富存量来看，仍然是东部地区最富裕。

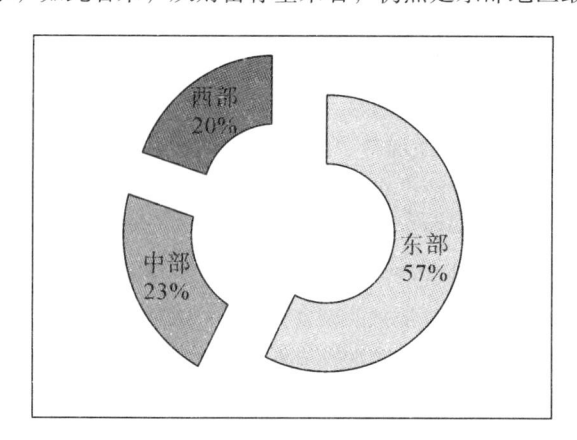

图 3-9　2012 年年底居民储蓄存款的地区分布

从以上内容可以看出，尽管目前中国的收入分配差距已经很大了，但还处于扩大的趋势中，高收入群体和低收入群体收入的形成必然又进一步加剧了收入分配差距的扩大、基尼系数可能持续攀升，金融资产向高收入者集中，收入分配差距将加速扩大。地区间、省份间的收入差距也处于上升趋势。

3.3　收入分配差距扩大的制度性原因分析

3.3.1　城镇居民收入差距源于分配制度改革深化和再分配政策的弱化

当计划经济大锅饭时代过去，市场经济体制深度发展，我们确立了以按劳分配为主，结合生产要素分配的制度体系，劳动者的收入和本单位的经济效益和自身劳动贡献相结合。由于个人家庭背景、教育背景以及个人禀赋和身体状况的不同，被市场认可的个人价值回报差距较大，就业压力和风险也持续存在。劳动制度和分配制度的改革为个人主观能动性的发挥创造了条件，在财富集中的过程中，先富裕起来的城镇居民便占有一定的生产要素和有效资源，市场机制根据个人拥有资源和生产要素的优劣和数量予以回报，人们的要素收益增加又加剧了收入分配差距的扩大。市场经济的竞争机制和分配制度更多维护的是市场效率。

对应具备收入再分配调节的税收制度来说，其原则应该是在累进税制的基础上通过调节过高收入帮助低收入人群在教育、医疗、市内交通方面进行开支。但就我国的税种结构来说，是以流转税为主体的税收制度。按照 2014 年税种征收的比例高低排列，增值税占税收收入的 26.07%；企业所得税占 20.28%；营业税占 15.58%；进口商品的消费税和增值税共计占 12.67%。这四项税占了全部税收的 74.6%，再加上个人所得税的 5.92%，流转税和所得税占到税收收入总额的 80.52%。就税负归宿来说，依据商品和服务的供需弹性，税负在企业和消费者之间分担，在以流转税为主体税种的国家里，实际消费者承担了大量的税负。从绝对量考察，高收入者消费绝对量大，所承担的税负也多，低收入者纳税少。这似乎符合收入再分配的概念。但是如果拿相对值来比较，富裕阶层的消费占个人总收入的比例低，储蓄占个人总收入比重大但是储蓄利息所得属于免税收入，低收入阶层恩格尔系数较高且消费支出占收入比重较大，而消费支出承担了较重增值税，消费税和营业税等商品劳务税负担重。和所得税为主体税种的发达国家比较，以美国为例，这些发达国家商品劳务税较轻，以个人收入作为税基的个人所得税是地方政府的第一大税种，在调节收入分配上显得更具效率。我国现阶段直接税间接税税收结构和具体税制税种的设计上，定位于有利于财政收入的及时足额的获取，收入再分配调节职能较弱，甚至造成了累退的状况，收入分配调节较为弱化。"十二五"规划将收入分配作为重点工作来抓，调整初次分配中劳动型收入的占比，提高劳动工资率。伴随收入初次分配的改革过程，我国个人所得税的改革也须重新定位，真正贯彻和谐、民生、发展的精神。

3.3.2 地区之间、行业之间的收入差距主要由政策性因素形成

我国的区域经济发展模式是从经济特区、东部沿海地区、中部地区、西部地区的梯度化发展模式，经济特区和沿海地区凭借地理位置优势和财税政策等经济政策的有力倾斜，吸引了大量的国内外资金的直接投资。资金、资源、技术和人才集聚使得北京、上海、深圳、广东以及沿海各地赢得发展的先机，从而拉开了地区发展的巨大差距。就目前的情况看，金融资本、产业资本在这些地区属于高度集中的状态，从而也必然影响地区收入分配。

从行业发展来看，我国垄断行业的收入都较高，金融保险、航空运输、邮电通信，这些垄断行业的工作都远远超过其他行业。垄断行业高收入的原因是高额的垄断性与资源性收入，体制和政策的不平等形成了不平等的竞争环境，造成了地区之间、行业之间的收入差距。

3.3.3 政策向资本市场倾斜也加速了收入分配的差距

中国资本市场经过近 20 年的发展，给部分个人带来了巨大的财富。当一部分人先富裕起来后，存量财产进入房地产市场和资本市场中寻求投资机会，从 2003 年开始的房地产价值持续上涨，价值翻几番，使得富人投资收益和财富大大增加，资产迅速膨胀，而中国主板市场、B 股市场、中小板市场、创业板以及新三板市场的发展，也持续不断地创造财富新贵。为了促进中国资本市场的发展，在目前的个人所得税制度体系中，对中国个人在国内资本市场获取的投资收益免财产转让所得的个人所得税，对劳动性收入采取七级累进税率，这一制度性差异加剧了收入分配不公。

招商银行与贝恩管理顾问公司联合调查发布的《2013 中国私人财富报告》显示，截至 2012 年年底，中国可投资资产 1 000 万元人民币（不包括房产和企业价值）以上的高净值人群超过 70 万人，共持有可投资资产 22 万亿元，而当年全国城乡居民储蓄余额是 40.0 万亿元，超级富豪的财富占比为 55%。此外，波士顿咨询公司发布的《2013 全球财富报告》称，截至 2014 年年底，中国百万美元资产家庭总数达 400 万个。在私人财富方面，亚太（不包括日本）首次超越欧洲，成为全球第二富裕的地区，私人财富总值达 47 万亿美元。中

国和印度活跃的资本市场成为该地区财富迅猛增长的重要原因。总体来看，在强力的需求推动下，两国资本市场的良好表现促使股票类资产价值大幅提高，而这一类资产构成了该地区约76%的私人财富增长。在亚太地区所有新增私人资产中，股票类资产占比48%，债券类为39%，现金存款类为16%。①

另外，非法收入以及灰色收入的存在也是我国居民收入差距存在的原因之一。除了正常创富外，还有两类富人存在：一是靠权力和资本寻租的人；二是灰色收入者。我国经济体制改革处在逐步深化的过程中，社会主义市场经济体制以及与之相应的制度、法律、政策和管理都要经历一个完善的过程，有人利用手中的权力大搞官商勾结、权钱交易、贪污受贿，有人利用制度漏洞获取高额收入，走私贩假，盗取国家资产，这些人在一定范围内存在着。这些非法收入和灰色收入的存在也是收入分配差距扩大不可忽视的一面，并在一定程度上使得人们对政府的信任感减弱，纳税人遵从也受到影响。

3.4 收入分配问题与个人所得税制度改革功能定位

经济基础决定上层建筑，制度革新是经济发展的内在需求，除了筹集财政收入以外，Musgrave（1959）将税收扮演的角色归纳为稳定（Stabilization）、配置（Allocation）和分配（Diatribution）。就个人所得税总规模以及占我们税收总收入7%左右的比重而言，税收功能的重点应该是收入再分配以满足公平性的社会需求，中国现阶段初次分配的差距在逐渐加大，个人所得税改革的定位也必须立足于我国个人收入分配的现状来进行。正如十七大报告所述，"深化收入分配制度改革，增加城乡居民收入……初次分配和再分配都要处理好效率和公平的关系……提高居民收入在国民收入分配中的比重，提高劳动报酬在初次分配中的比重……扩大转移支付，强化税收调节，创造机会公平，逐步扭转收入分配差距扩大趋势"。

3.4.1 收入分配状况要求对个人所得税制度改革重新定位

从中国现阶段收入分配状况分析可以得出，目前，中国处于人均收入增长最快的时期，但不是每个人都平等地分享到了经济增长的成果。尽管目前中国的收入分配差距已经很大，但扩大的趋势还在上升之中，基尼系数持续攀升，

---

① 波士顿咨询公司发布的《2015年全球财富报告》。

金融资产向少数人集中趋势明显，地区间、省份间的收入分配差距不断扩大。中国已经摆脱绝对贫困，经济增长速度很重要，却并不需要以加剧贫富悬殊为代价，以减少大多数的福利和幸福为代价，况且，经济不平等程度如果持续走高，会产生较大的经济成本，而社会、经济，文化上的盘根错节的不平等又与日常生活非常紧密。如果国家在宏观调控的时候不注重基础公共产品（教育、医疗）的均等化，会使中下收入者和穷人难以找到富裕之路，人的天赋和智慧都无法得到发挥，在这种情况下，社会整体效率就很低。

经济和社会不平等往往会存在代际自我复制，因此机会和收入的不平等会对发展带来的负面影响。比如来自穷人家庭的儿童因为经济境况、成长环境、视野和接受教育水平各方面原因，与来自较富裕家庭的儿童相比，未来发展的机会和接受高质量教育的机会就可能不同。因此，这些儿童成年后的竞争力也可能较低，在婚配问题上也可能处于弱势地位。

为了避免这种不平等的陷阱，最理想的解决办法是纠正市场失效，制订收入再分配计划，如累进的个人所得税和财政的转移支付，以形成保障起点公平、过程公平和结果公平的一系列制度。2014年，我国人均GDP突破7 485美元，公平应该是首要考虑的问题，否则会长期地损害经济效率和经济增长，甚至还会引起社会不稳定。当然，人们并不赞成课税过重，这会挫伤了个人劳动的积极性，会有损于劳动和创新。所以笔者赞成在兼顾个人激励的情况下优化个人所得税税收制度，促进公平。

同时，中国的个人所得税经过二十多年的发展，为其在城镇收入分配调节方面奠定了规模基础。我们从近10年的数据观察，由表3-9所得，个人所得税收入年均的增幅远远大于GDP增幅和税收总量增幅，表明其过去10年来在筹集财政收入方面起到了较大的作用。1998年，我国仅征收个人所得税338亿元，2013年个人所得税总量达到6 531.53亿元，在此期间，税收总量翻了11.93倍，个人所得税总量翻了19.29倍，且1998年到2013年的16年间年均增幅达到20.32%，远远高于同期GDP增幅和税收总量的增幅，个人所得税收入占税收收入的比重由3.7%上升至5.9%左右。可以说，个人所得税是1994年税制改革以来收入增长最为强劲的税种之一，目前已成为中国第四大税种。从OECD国家的实践来看，随着市场经济的发展和经济水平的提高，税制结构的改变，个人所得税将会成为财政收入的主体来源之一。相比较而言，在过去的几十年中，OECD国家的个人所得税占到GDP的比例约为11%，占到税收收入的比例稳定在28%左右，成为地方财政收入的重要来源，在调解收入分配中起到重要作用。

表 3-9　　　　1998—2012 年个人所得税收入规模与增长情况

年 份	个人所得税（亿元）	税收收入总额（亿元）	个人所得税增幅	个税/税收总额
1998 年	338.65	9 262.8	30.28%	3.66%
2005 年	2 094.91	28 778.54	20.60%	7.28%
2006 年	2 453.71	34 804.35	17.13%	7.05%
2007 年	3 185.58	45 621.97	29.83%	6.98%
2008 年	3 722.31	54 223.79	16.85%	6.86%
2009 年	3 949.35	59 521.59	6.10%	6.64%
2010 年	4 837.27	73 210.79	22.48%	6.61%
2011 年	6 054.11	89 738.39	25.16%	6.75%
2012 年	5 820.28	100 614.28	-3.86%	5.78%
2013 年	6 531.53	110 530.70	12.22%	5.91%

数据来源：《中国统计年鉴》(2014) 和财政部网站。

由表 3-9 可以看出另一个规律，即税收增长同纳税人收入增长基本一致，2000 年、2001 年是工资改革和增长较大的年份，2007 年，国内生产总值比 2006 年增长 11.9%，居民收入增长 12.9%，居民收入增速高于 GDP 增速，这种情况在我国比较少见，主要原因是财产性收入加速增长。2008 年、2009 年金融危机影响了个人收入，个人所得税增幅减弱，2010 年经济呈现恢复性增长状态，也是个人所得税增长幅度最大的一年，2011 年年底进行了个人所得税免征额以及税率调整改革，2012 年个人所得税增速为负，切实起到了对中低收入者减税的功能，2013 年个人所得税又实现较高的正增长。

部分 OECD 国家个人所得税收入占税收总收入的比例见表 3-10。

表 3-10　　部分 OECD 国家个人所得税收入占税收总收入的比例　　单位:%

北美	占比	亚太	占比	西欧	占比	北欧	占比
加拿大	36.3	澳大利亚	39.1	法国	17.5	丹麦	53
美国	40.0	日本	19.3	德国	26.1	瑞典	31
		韩国	13.5	英国	30.0	挪威	24.5

数据来源：OECD 网站。

关于个人所得税的定位问题。在西方发达国家,个人所得税是最重要的主体税种之一,发挥着聚集国家财政收入、公平收入分配的重要功能。国家征收的个人所得税等收入,经过财政二次分配转移支付给中低收入者和困难户,达到财富重新分配的目的,维护社会稳定。我国个人所得税的功能定位在1994年并不是特别明确的,因为当时的宏观政策目标是发展经济,公平收入分配的制度建设特别是个人所得税调节收入分配的制度建设力度较弱,如表3-11所显示的,我国个人所得税基本呈现比例税的形式,即收入—税收份额比基本是1:1的关系,未能体现出高收入者多缴税、少收入者少缴税的量能赋税原则,甚至在某些年度还存在逆向调节。当然,个人所得税改革的要求也源于该税制的诸多弊端,比如因为税制陈旧,修修补补所体现的"劫贫济富"的税收归宿。作为世界各国调节收入差距的"罗宾汉"税种,个人所得税被赋予了基于现代文明社会"公平"之众望,彻底改革迫在眉睫。

表3-11　　　　　　　　二分法下收入份额—税收份额对比

年份	高收入50%		低收入50%	
	收入份额(50%)	税收份额(50%)	收入份额(50%)	税收份额(50%)
2006	76.48	78.55	23.52	21.45
2007	76.15	77.23	23.85	22.77
2008	76.73	77.84	23.27	22.16
2009	76.16	62.47	23.84	37.53
2010	75.68	74.78	24.32	25.22
均值	76.24	74.17	23.76	25.82

数据来源:《中国城市(镇)生活与价格年鉴》(2011)。

3.4.2　个人所得税是调控收入分配最有力的税收手段

1. 个人所得税的功能

任何税种都有筹集财政收入的功能,而个人所得税在英国、德国、日本成立伊始都是为了筹集战争经费,在英国甚至被称为"打破拿破仑的税收"。西方国家个税历史比我们久,且由于经济发展阶段和整体税制上的设计,个人所得税成为美国等国家中央政府的最大税种,占到税收总收入的45%左右。即使在偏重流转税的德国和法国,个税占税收总收入的比重也稳定在10%以上。所以,个人所得税对西方主要国家筹集财政收入起到重要作用。

当经济发展到一定阶段,不管在西方还是我国,和谐社会都要求防止两极分化，市场经济国家体制下收入差距的拉大具有必然的趋势，而和谐社会则要求社会收入分配差距维持在一个合理的范围内。按照凯恩斯的观点，政府转移支付、政府支出、税收调节都是防止两极分化的有效措施，一方面，累进的个人所得税税收制度设计可以起到经济"自动稳定器"的作用；另一方面，通过设定累进税率，高收入的按照更高的平均税率来缴税，低收入者税率更低，而免税规定又可以起到特定目标实现的作用，比如国债利息收入免税等。

除了防止两级分化，居民有效需求不足也是一个重要原因，需求不足往往是因为居民可支配收入不足，而个税调节收入分配是削高补低，各国近年来的个税改革也都是降低税率，尽量减少中低收入者的税收负担，增加可支配收入。

对于个人所得税的公平收入分配功能而言，其是以收入规模为基础和支撑的，当人均 GDP 达到一定的规模，个人所得税成为稳定增长的大税种并普遍征收时，就有了收入分配调节的功能。我国个人所得税是主体税种，税基宽、征管严，目前的收入规模足以通过调整税率、级距、宽免额等来调节城镇居民收入分配状态，调节不同收入阶层居民可支配收入。如前文税收制度的公共品特性所述，在现代税制体系中，个人所得税、消费税、财产税以及遗产与赠予税等都能不同程度地起到收入分配调节的作用，而个人所得税是在收入分配的最终环节——个人所得环节征收的税种，属于直接税，最能体现税收普遍、公平的原则，其征管成本相对于遗产税、物业税等税种也更具效率。

2. 个人所得税在税收调控职能中的地位

税收公平功能主要从两个方面调节分配：一是个人收入的再分配，即收入流量的再分配；二是个人财富的再分配，即存量的再分配。个人所得税之所以成为"罗宾逊"税种在世界上广泛推行，并不是因为它所具有的组织财政收入的功能，而是它所特有的调节收入分配、劫富济贫的功能，并且促进了社会安定，为经济的稳定发展创造良好的外部环境。在各个国家设置的商品税，所得税和财产税中，普遍的观点认为，个人所得税对收入分配公平的影响是直接的，商品税则属于间接影响，而财产税作为调控收入分配功能的重要补充。

个人所得税作为被各个国家普遍认可的一个调解收入分配的重要税种，在各个国家历史的实践中得到了认同，它对个人收入分配有着重要的影响，对个人收入分配的方式，收入的使用方向，收入的财富积累、转让以及投资都起到了各个不同层面的调节作用，通过税前收入与税后收入的基尼系数的变化，我们认为可以部分地实现社会公平分配的目标。个人所得税调节收入分配的优点主要在于以下三个方面：

第一，个人所得税调控的中性特点。在调节收入分配的税种中，流转税中的增值税和消费税，增值税具有普遍征收的中性特点，而消费税则是对特殊商品（比如奢侈品、能源消耗品）征收，所以消费税具有收入分配调节的作用而增值税则通常不具有调节功能。财产税，如房产税和车船使用税根据其价值大小、收入多少和其排量大小分别规定不同的计税方法和累进税率，也有助于公平收入分配的实现，成为财富存量调节的一种手段。而个人所得税在调控方面的认同度最高，它属于是直接税，一般情况下不会存在税负转嫁问题，仅对社会成员的收入分配产生影响，不会影响流通领域的资源配置。个人所得税是对净所得征税，对个人收入扣除生计费用和某些宽免后的收入来征税，所以，在税制合理的情况下即能保证财政收入和调节收入分配，又不会侵蚀纳税人的生存之本。

第二，个人所得税可以兼顾公平与效率。个人所得税是在收入分配的最终环节——个人所得环节征收的税种，属于直接税，最能体现税收普遍、公平的原则。纳税人所得、财富和消费的综合状况通常以综合所得和一般支出来替代，而综合所得就是海格·西蒙斯提出的任何可以增加个人福利的全部所得。依此确定个人所得适用的税率，体现支付能力的税收横向与纵向公平。调整收入差距不仅有助于降低中低收入者的经济负担，还提供了社会最低收入者社会基本保障的资金来源，对整个社会福利来讲是一种帕累托改进，是公平与效率兼得的税收制度。

第三，广泛的覆盖面。个税和其他税种配合可以起到较好的收入调节作用。个人所得税与财产税、消费税配合，可以起到对财富存量、财富增量的调节以及对生产、分配、消费各个环节的调节作用，覆盖面很广从而形成一个收入调节的体系。

当然，个人所得税也不是万能的，它主要起到"削高"的作用，"补低"的作用还得依赖财政转移支付来完成，个人所得税为"补低"提供经济基础。个税调节收入分配也存在一些公平性的争议。首先，对于高收入者课征高税率，有可能无法考虑高收入者为此承担的高风险，个人所得税在制度设计上，很难对个人投资所得进行跨期的抵扣，使得高风险从业者的税负相对较高。其次，对于相同的劳动收入，可能对应不同的劳动时间，但要计算休闲的价值，几乎完全是不可能的，也未必能体现真正的公平。再者，海格·西蒙斯提出的个人所得税征税对象是财产净增加值，而现在各国对所得的概念并不符合这一理想的概念，所以调节收入分配，只能是相对公平之义。

税制改革的动因，通常是对于现行的税制的不满，或者说现行的税制未能实现其设计的社会经济目标。所以，不管是从我国收入分配差距越过警戒线的现状，还是从个人所得税本身的职能，以及目前我国个人所得税的增长速度和增长规模来说，个人所得税的改革目标与定位，更多的应该是倾向于公平收入分配的目的，而非财政创收的目的。

4 现行个人所得税制度收入再分配功能的理论分析

现行个人所得税实行分类征收制度,具体包括工资、薪金所得;个体工商户的生产、经营所得;对企事业单位的承包经营、承租经营所得;劳务报酬所得;稿酬所得;特许权使用费所得;利息、股息、红利所得;财产租赁所得;财产转让所得;偶然所得;经国务院财政部门确定征税的其他所得11项,分别适用不同的费用扣除规定,不同的税率和不同的纳税期限。分类征税模式的优点一是征管效率较高,比如像工资薪金类收入采用源泉扣缴制度。二是对不同的性质所得按不同征收方法计税,有利于实现国家的宏观调控和差别对待政策。

4.1 现行个人所得税制度简述

构成我国个人所得税几个重要的税制要素如下:

纳税人:在中国境内有住所,或者无住所而在境内居住满一年的个人,来源于全球的所得均依法向中国负有全面纳税义务,在中国境内无住所又不居住或者无住所而在境内居住不满一年的非居民个人,仅就来源于中国境内的所得,缴纳个人所得税,不过可以享受一定的政策宽免。

税率:包括比例税率和超额累进税率两种形式。其中,工资、薪金所得适用3%~45%的七级超额累进税率;个体工商户的生产经营所得,对企事业单位的承包、承租经营所得,个人独资企业和合伙企业投资者的生产经营所得,适用5%~35%的五级超额累进税率;劳务报酬适用三级超额累进税率;稿酬所得,特许权使用费所得,利息、股息、红利所得,财产租赁所得,财产转让所得，偶然所得和其他所得等均适用20%的比例税率。

从这一税制设计来看，边际税率最高的是工资薪金，达到45%，接近企业所得税25%的税率的2倍。个体户和承包经营的最高边际税率为35%，其他类型所得都是20%。对劳动所得的税率比其他收入的税率都高。这一制度一定程度上造成了收入分配逆向调节的问题，在工资薪金收入内部，税率如何累进，如何划分收入级距累进，是一个关乎个人收入分配最为复杂的问题。

生计费用扣除：费用扣除是税基确定的一个重要因素，其标准必须能够补偿劳动者的基本消耗、能补偿家庭生活开支，不至于侵蚀到纳税人的基本需要。我国现行个人所得税的费用扣除采用定额扣除和定率扣除两种方法，其中工资薪金部分定额部分的标准经过2005年、2007年、2011年三次修订，调整为3 500元。同时，保留了养老保险、医疗保险、失业保险和住房公积金的免税规定。在个税的分类制下，除工薪所得外，对其他所得分别规定了相应的扣除标准。定额和定比例扣除的优点是征管便利，缺点是无法整体衡量社会基本单元的纳税能力——家庭的整体收入和赡养以及生活支出负担情况，且目前费用扣除标准可能存在的问题是不反映城市差别，也不能剔除年度通货膨胀因素。

减免税：个税及相关法规规定的免税政策主要包括省、部和军级以上单位以及外国组织和国际组织颁发的科学、教育、文化等方面的奖金；以及按规定缴纳的基本社会保障（类似于社会保障税）支出，如缴纳的住房公积金、基本养老保险费、基本医疗保险费、失业保险费以及国债利息等。

分类征收，综合申报：我国个人所得税实行源泉扣缴和纳税人自行申报纳税两种征税方式。对工资薪金、劳务报酬、稿酬、利息、股息、红利等各项所得，一般由支付所得的单位和个人代扣代缴个人所得税。但对于年所得12万元以上的收入者，个人在两处以上取得工资薪金的，以及在海外取得收入的，需要自行年终综合申报。2007年，我国为1 137万名高收入者建立了纳税档案。

4.2　个人所得税制度调节收入分配状况分析

4.2.1　收入再分配功能部分实现

根据国家税务总局网站上的一则报道，截至2010年3月31日申报期结束，全国共有268.9万人到税务机关办理2009年度个人所得税自行纳税申报，比2009年增长了12%。这两百多万人中，申报缴税额占2009年度个人所得税收入总额的 35.5%，即全国两百多万高收入者纳税人缴纳税款占个人所得税2009 年全部个人所得税收入的 1/3 左右，人均申报年所得额 34.78 万元，人均申报个人所得税税额 5.24 万元。就这一数据来看，我们认为个人所得税制度在收入分配方面还是起到了收入分配的作用的。但是我们也清楚地知道，全国收入上 12 万元的个人远远不止 200 多万，个人所得税的一半左右主要由高级打工人员和各类工薪阶层负担，富裕阶层的纳税情况并不令人满意。

每年的个人所得税分类构成表明，个人所得税增长的主体是工薪阶层，而富人的税收流失问题严重。目前我国个人所得税的近 60% 来自于个人劳动所得，缴纳方式是由收入支付单位采取代扣代缴。在征管上体现出来的情况同样是征收机关将征收重点放在了个人所得税中最容易征收的部分，即对工资、薪金所得的征缴上，征收成本低且及时入库。而纳税人财产租赁收入和财产转让收入、劳务报酬收入以及承包承租所得，合计起来不到个人所得税总收入的 6%，个体工商户私营经济占比增加，其税收贡献却降至了 13% 左右，而对私营企业主及其他高收入群体多样化收入，没有征管措施可以核实到准确的计税依据。在生活中，我们总会发现一些企业主采取公私支出混淆、工资发票化的方式规避个人所得税。个人所得税的大量流失和逃避的方式可能征税部门和纳税人都了然于心，但由于行政管理的困难而被排除在税基之外，这使得个人所得税总体征收效率降低。

除此之外，个人所得税仅能对合理的正常收入起到收入调节的作用，而对不合法、灰色收入并未纳入再分配调节的范围，比如收取回扣，以权谋私，制假贩假，走私贩私，倒买倒卖，投机欺诈短时间获取了大量财富。有学者重点从个体经济的偷税漏税，各级党政官员的腐败贿赂收入，集团消费转化为个人收入，走私贩假等非法、非正常收入入手，对其规模以及对收入差距的影响程度进行了估算。这些学者得出如下结论：第一，几种主要的非法、非正常收入对居民收入差距的影响是明显的，它们对总体的居民收入差距的影响程度在 13%（1991 年）~23%（1995 年），由于这一因素的影响，反映总体居民收入差距的基尼系数在考察期内都上升更大；第二，从总体上看，居民正常收入差距占总差距的 85.1%，非法、非正常收入占到 14.9%；第三，在各种非法、非正常收入方式中，以个体和私营经济的偷漏税对居民收入非正常扩大的影响最大，约占 53%~76%；第四，从趋势看，各种非法、非正常收入对总收入差距的影响尽管在某些年份有波动，但总体是上升的[①]，这类收入只能靠社会经济

---

① 陈宗胜，周立波. 非法非正常收入对居民收入差别的影响及其经济学解释 [J]. 经济研究，2001（4）.

制度的完善和税收征管的完善才能够解决。

个人所得税调节收入分配的效能弱纵然有规模上的限制，但与现行税制的设计有紧密关系，高收入者收入的多样性、多渠道和隐蔽性很容易在分类课征体系下逃避缴纳税款的责任。而且对于高收入者而言，还往往存在含混不清的职务消费和附加福利，而征管系统目前对高收入者的信息和数据还在逐步建立之中，缺乏对高收入者和海外收入者的监管措施和手段，不能不说是现行税制的弊病和软肋。因此，解决个人所得税实际征收中出现的矛盾和问题，根本的出路取决于个人所得税税收制度的规范和完善以及征管能力的加强。

4.2.2 税后基尼系数显示调节效果偏弱

我国的个人所得税始终贯彻"高收入者多缴税，低收入者少缴税或不缴税"的立法精神，从我国目前的情况看，个人所得税在筹集财政收入的同时，调节收入分配的作用如何呢？我们可以通过个人所得税税前基尼系数与个人所得税税后基尼系数之比来说明收入调节状况。在国家统计局的各类年鉴和财政、税务年鉴中，无法获取个人所得税税后的各收入组的收入数据，在实证分析中，我们用各年统计年鉴中的可支配收入①替代税后收入，因为社会保障支出按比例征收，且具有税的性质，则可视为税后调整结果。

表4-1　　　　　　　个人所得税调节前后基尼系数比较②

年份	税前基尼系数	税后基尼系数	差异值
2002	0.301 1	0.300 1	-0.001 0
2003	0.308 8	0.307 2	-0.001 6
2004	0.316 5	0.314 5	-0.002 0
2005	0.322 0	0.319 8	-0.002 1
2006	0.318 9	0.316 9	-0.002 0
2007	0.316 5	0.314 3	-0.002 2
2008	0.321 7	0.319 4	-0.002 3
2009	0.323 4	0.321 2	-0.002 1
2010	0.314 2	0.311 5	-0.002 7
2011	0.313 4	0.310 8	-0.002 5

---

① 可支配收入＝家庭总收入－交纳个人所得税－个人交纳的社会保障支出－记账补贴。
② 何辉，李玲，张清.个人所得税的收入再分配效应研究［J］.财经论丛，2014（2）.

以上研究表明，个人所得税确实具有缩小城镇居民收入差距的功能。具体而言，从表4-1可以看出，其一，2002—2011年个人所得税税前基尼系数和税后基尼系数相比，税后基尼系数缩小了；其二，现行个人所得税对收入分配的确具有调节作用，但是其收入分配效应比较微弱。美国在2000—2010年通过个人所得税调节居民收入差距，使得基尼系数平均降低了6.23%。[①] 英国的个人所得税对收入的调节分配作用更为强劲，2003—2009年，基尼系数变动幅度均大于9%，在2005年达到最大为10.53%[②]。相比之下，我国个人所得税调节收入分配作用效果一般，并且由于征管水平因素的影响，实际效果将会弱于理论效应。

4.3 导致收入再分配功能偏弱的制度缺陷分析

4.3.1 分类所得税制模式的公平缺陷

就前述分析所提到的，在我国现代社会经济条件下，就个人所得税的功能来讲，其收入分配功能要远比财政功能更为重要，而要让高收入者交纳比低收入者更多的税收，从理论上来说，则需要在综合课税模式下才能得到最好的效果。综合课税模式是将每个人所有的收入来源、收入形式进行加总，进行统一的扣除后计算应纳税所得额。而分类税制则是将收入划分为多种不同的收入性质，比如工资薪酬、劳务报酬、稿酬、特许权使用费、租金、红利、股息、财产租赁、财产转让，每一类性质的收入使用不同的费用扣除额、税率、以及税收优惠，分类课征制度偏重于效率，但由于其无法衡量纳税人的综合收入和负担能力，从而公平缺陷较大。

分类课程的税制设计本身具有累退的特点，这一特征实际上也加剧了中低收入者的负担。分类定率、分项扣除、分项征收的制度本身就容易造成高收入者化整为零或者收入转换的策略，对收入低、收入来源单一的纳税人集中纳税，便于征管。对于股息红利的定率征收也具有累退性，对股票转让所得和基金转让的投资（投机）所得免税，也是不合理的，在资本市场中，很多投机

---

① 刘扬，等.个人所得税、居民收入分配与公平——基于中美个人所得税实证比较 [J].经济学动态，2014（1）.
② 周晓蓉，杨博.城镇居民财产性收入不平等研究 [J].经济理论与经济管理，2012（8）：61-63.

分子成就财富梦想，却没有任何税收成本，这也是对劳动所得的不公平。

如今，分类模式下税制差异性所带来一定的规避空间，使得在税收征管上的难度也不断加大，高收入者进行收入性质转化的避税行为日趋严重，使得分类税制模式连在征管效率上的优点也令人质疑，分类税制模式造成税制环境的愈加不公平日益显现。

4.3.2 调节功能没有得到充分发挥

目前我国个人所得税收入近60%来自于工薪所得，对高收入者的收入是否足额纳税监控乏力；多渠道、隐蔽性收入在分类课征体系下为纳税人逃避纳税提供了机会；大量现金交易，没有相应的信息交换机制，税务机关掌握收入信息较难；个体工商户和合伙企业纳税人不建账建制，难以准确核实个人收入。税制设计不足和征管手段的落后，导致调节收入分配的职能没有充分发挥

4.3.3 税率设计仍然不合理

现行个人所得税制度使用比例税率与累进税率相结合。工资薪金适用7级超额累进税率，一是过于繁杂。二是前三个级距过窄，税率累进过快，对中低收入者的税收制度设计并不宽厚，具体来说，应纳税所得额从1元到4 500元的法定税率跃升了20%，而从9 000元到80 000元，税率才跃升了20%。三是最高税率为45%与企业所得税25%税率差距过大，也高于世界平均水平与OECD国家平均水平。同是劳动性质相同的劳动报酬，适用20%、30%、40%的三级累进税率，税负较高，对于公平适度原则有所违背。对于生产经营所得的五级累进税率，财产租赁所得和财产转让所得征收20%，银行利息所得免税，国内A、B股票市场上的资本利得免税。这种劳动重税、资本所得轻税的设计的确更加偏重于效率而不是公平。

4.3.4 费用扣除缺陷导致的"量能负税"失效

我国现行个人所得税制度的突出特点是未能充分考虑不同地区、不同家庭结构在生活必需费用支出上的差异，以及高收入阶层和低收入阶层在收入来源结构上存在的明显差异。例如，个体工商户和合伙企业占国内生产总值的比例逐年提升，截至2013年年底，全国非公有制经济企业已超过1 000万户，个体工商户超过4 000万户，对GDP的贡献率超过60%，但是2012年来自个体工商户的生产经营所得的个人所得税占个人所得税总额的比例仅为10.24%。代

扣代缴的制度设计使得工薪阶层个人所得税几乎不具有逃避税的空间，而高收入者却因为收入多样化而产生的征管漏洞更多。由此，很多人认为中国目前个人所得税在很大程度上就是对劳动所得征税，或者说相差无几，因为资本利得的税收收入占比并不大，甚至一些研究结论认为，工资薪酬的高税率几乎无人问津，也没有什么再分配性。

费用扣除设定不科学。我国目前的各项收入的免征额或费用扣除额根据收入性质不同进行区分，基本采用定额扣除、按比例扣除或不扣除的方法，定额金额或者定率比例，纳税人真实的负担情况未予具体考虑到税制设计中，即不具有"个性化和具体化"的扣除方法。工资薪金对个人所得税的贡献每年都超过半壁江山，而在工资薪金的费用扣除上，我们强调全国统一却忽视不同地区的物价水平和不同家庭的实际开支需要，比如赡养老人、抚养子女的人数、供养有残疾的兄弟姐妹等。并且，中国在医疗、住房、教育、养老方面进行市场化改革后增加的高额生活费用并未在扣除中得到充分体现，距离"量能负税"具有较大距离。

对于收入分配家庭结构的深入研究可以帮助理解现行税制费用扣除制度的缺陷，这种缺陷导致了逆向调节，即中低收入者税收负担较重。从图4-1数据可以看出，不同收入组的平均每一就业者负担人数不同，2012年最低收入者负担人数比最高收入者负担人数分别高0.93人，比全国平均高0.6人，且中等偏下收入户比最高收入户高出0.36人，而由于家庭人口数量是基本稳定的，各年变化不大，那么中低收入者家庭负担人口数量的情况会比较稳定。现行个人所得税制度设计未能考虑家庭负担人口问题，按照税收理论，对个人征税需要建立在"净所得"基础上，即在调整后的毛所得中如实扣除纳税人应该扣减的费用，我国仅按照就业者个人每人每月扣除3 500元的生计扣除额扣除很难说服纳税人（且不说每月3 500元是否合理）。不考虑家庭人口负担，而仅按照就业人口扣除相同费用，已经必然使得收入分配陷入不公平的境地。税制设计问题，还导致部分工薪阶层由于夫妻双方收入悬殊，其家庭适用所得税率明显偏高。与此相比较，对于附加福利，即雇主为雇员提供的诸如企业中高层的职务消费、公车私用等福利显然无法课税，而对中低收入家庭未能考虑周全的制度性缺陷和不公平待遇，无疑是挤压了中低收入者消费水平和发展费用。

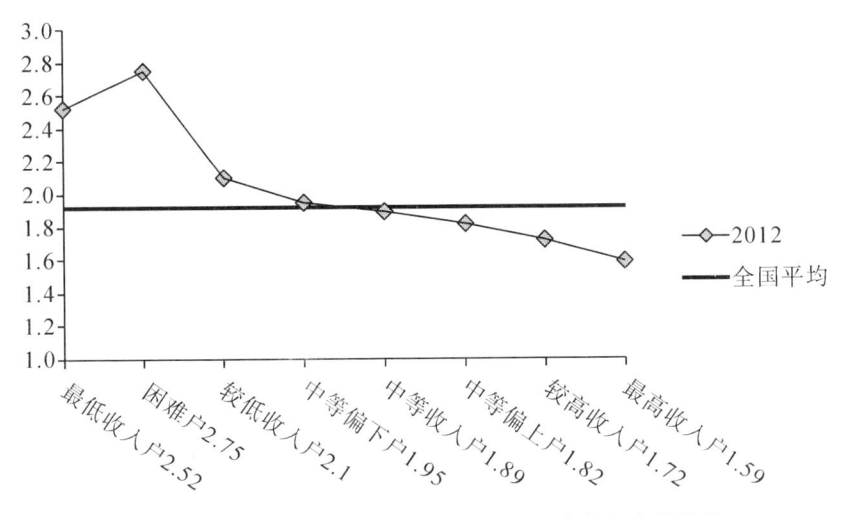

图 4-1　2012 年不同收入组平均每一就业者负担人数差异

资料来源：国家统计局网站《中国统计年鉴》(2013)。

4.3.5 制度设计中财产性收入较之劳动性收入享受优惠较多，税负较低

就个人收入发展的情况分析来看，我国高收入者的财产性收入比其他收入阶层的收入上涨较快，金融资产中证券资产和基金资产收入也较高。而根据近年的收入分项目统计，利息股息红利的占比 5 年来稳定在 24%~27%，个体工商户生产经营所得占各年总收入的比重也在 12%~14%，工资、薪金在 2009—2013 年历年的收入比重分别为 66%、65%、64%、64%、57%，三大收入加总合计占到个税总收入的 90% 左右。工资薪金收入所占超越一半比重说明我国工薪阶层确实构成了个人所得税的纳税主体，其实在个人所得税收入构成的四大类收入中（工资薪酬、个体工商户收入、股息红利、劳务报酬中，工资薪酬收入增速最低，而对个人所得税的贡献增长最快）。个人所得税税法规定，工资薪酬按照 3%~45% 的 7 级累进税率征税，而财产性收入中利息免税，股息红利税率为 20%（其中在国内的上市公司发放的股息红利税率减半征收），这一制度显示财产所得享受税收优惠，而劳动所得的税负偏重。根据刘晓川(2008) 实证分析，发现工资薪金具有累进性，而以股息、红利、利息为代表的财产性收入和经营性收入确呈现出累退的特征，严重削弱了其政策功能[①]。

---

① 刘晓川，汪冲. 个人所得税公平功能的实证分析 [J]. 税务研究，2008 (1).

2008—2012年分项目个人所得税收入情况见表4-2。

表4-2　　　　2008—2012年间分项目个人所得税收入统计　　　　单位：亿元

年份	2008	2009	2010	2011	2012
工资、薪金	2 244.9	2 487.8	3 158.4	3 901.8	3 589.5
个体工商生产、经营	476.7	481.3	607.6	684.0	596.3
企事业单位承包、承租经营	51.8	64.8	61.2	82.4	89.5
劳务报酬	79.8	89.0	108.8	137.8	152.7
稿酬	2.5	2.4	2.6	3.4	3.6
特许权使用费	0.9	1.0	1.1	1.6	2.2
利息股息红利	685.5	558.3	539.1	660.3	755.9
财产租赁	9.6	11.1	14.1	19.8	24.6
财产转让	98.5	167.3	255.7	464.2	484.1
偶然	42.8	50.7	79.5	67.6	77.5
其他	21.2	21.8	55.6	21.2	32.4
税款滞纳金、罚款收入	8.1	8.1	24.1	9.4	11.4
合计	3 722.3	3 943.6	4 837.3	6 054.1	5 820.3

2012年分项目个人所得税占比情况见图4-2。

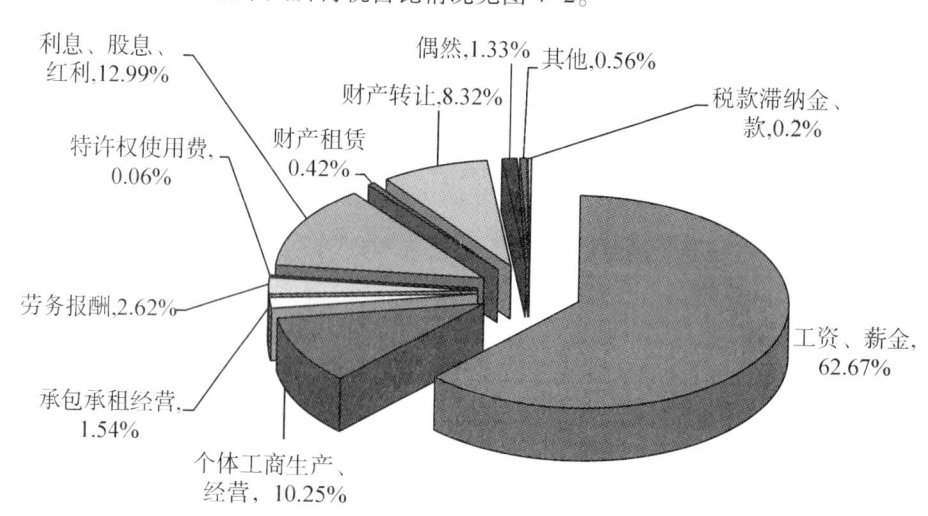

图4-2　2012年分项目个人所得税占比图

用 Kakwani[①] 累进性指数反映税负累进性水平，即税收对税前收入的集中指数减税前收入的基尼系数，P 为正表示税收具有累进性。就 2001—2005 年的 K 水平来考察，工资所得的个人所得税税负表现出较强的累进性。2005 年，利息、股息与红利所得缴纳的个人所得税对总体个人所得税的贡献排在工薪之后，处于第二位的位置，历年变化较大，但在财产性所得缴纳的个人所得税中历年均占 95%以上的比重，处于绝对主体地位。并且，由于利息、股息红利所得适用 20%的比例税率，而且不允许扣除任何费用，因此，总体上财产所得的个人所得税税负 K 指数水平应该接近于 0，但是研究结果表明，除了 2002 年基本满足这一特征之外，其他各年的指数值均显著小于 0，并且，从 2002 年开始，这种累退性表现得愈来愈强烈，其原因是地区间财产性差异持续扩大（这与我们第二章分析的结果相同）。2002—2005 年财产性所得地区间差距的基尼系数年均增长 6.1%，从 0.23 上升到 0.31，远远高于工薪所得差距扩大的增幅，而相应的财产性所得的纳税义务集中度水平不降反升。而经营所得适用超额累进税率的本身具有累进的意味，然而，研究结果表明其逆向调节依然存在，纳税所得的基尼系数水平与纳税义务集中度水平之间的差距过于悬殊，累退作用明显。

4.3.6 税收制度未能纠正通货膨胀带来的扭曲

就工资收入的费用扣除来看，我国从 2006 年 1 月 1 日起将免征额从 800 元提高为 1 600 元，历经了 28 年，时隔 2 年，2008 年 3 月 1 日起又将免征额从每月 1 600 元上调至每月 2 000 元，2011 年 9 月 1 日起上调至 3 500 元。国家统计局定期公布 CPI 和 GDP 的走势，国家税务总局对生计费用的调整无法赶上物价上涨的步伐，各大经济报刊和主流网站常常有提高生计费用扣除标准的呼声。通货膨胀是在各个国家都无法避免的经济现象，而通货膨胀的波动也对人民生活（尤其是低收入群体）产生较大影响，如果在我国现行的个人所得税的设计中不考虑通货膨胀的因素，所规定的费用扣除标准和税基、税率都固定不变，在通货膨胀率较高的时候，势必产生税率攀升的现象，使得纳税人基本的生活水平无法受到保障。2010 年以来物价连续上涨，每季度公布的 CPI 指标都在 4%以上，这导致个人所得税生计扣除额缩水，纳税人的负担加重，产生较大的经济扭曲。从个人所得税制度上讲，只有费用扣除标准实行按年的指

---

① Kakwani, Nanak C. Measurement of Tax Progresssivity: An Intenational Conparison [J]. Economic Journal, vol. 87 (March), 1977: 71-80.

数化调整，才能更好地保障低收入阶层的基本生活和购买能力，而且更具有科学性和合理性。除此之外，在较高的物价指数下，不动产的价格也持续增长，要求纳税人由于通货膨胀带来的不动产价格上涨在转让时也缴纳个人所得税明显有失公允，且造成纳税人财富的缩水。

由此可见，在我国目前的个人所得税税收制度体系中，有良好的税收制度起到公平收入分配的调节职能的一面，也有落后的税制设计缺失所造成的收入分配功能丧失甚至是逆向调节的一面。

4.3.7 个人所得税的征管与服务水平减弱收入分配职能

个人所得税的申报制度是个人所得税税收管理实现职能的制度保障，2005年年底，我国确立了分类税制下的源泉扣缴为主，个人申报为辅的"双轨制"模式，经过四年的发展，我国纳税人个税年终申报制度已经较为完善，但执行中存在的问题依然严峻。

1. 分类课征与综合申报制

从制度上来讲，我国没有全面规定纳税人向税务机关申报的义务，2005年国务院公布的《中华人民共和国个人所得税实施条例》和2006年国税总局颁布的《个人所得税自行纳税申报办法（试行）》规定现行个人所得税法规定只有以下几类人必须自行申报，即（一）年所得12万元以上的；（二）从中国境内两处或者两处以上取得工资、薪金所得的；（三）从中国境外取得所得的；（四）取得应税所得，没有扣缴义务人的；（五）国务院规定的其他情形。对年所得12万元以上的高收入者要求自行纳税申报加强征管。近年来，全国收入上12万申报人数在300万，这与实际情况大大不符，申报效果并不理想。在中国境外取得所得的，取得应纳税所得没有扣缴义务人的，都应该进行申报，但类似于这种情况的执行结果也不令人满意。造成这种情况的原因很多，但分类所得税制度下"嫁接"综合课征制度下的申报制度，以及制度监管不力和第三方（包括雇主、银行以及证券交易所等掌握收入的部门）向税务机关的信息报告制度和相关协税措施的缺失不得不说是主要的原因。实际上，征管机关和纳税人之间存在一种长期博弈，如果严征管，自然纳税遵从就强一些，如果长期监管不力，自然有很多纳税人意识淡漠，并尽可能地寻找避税和逃税的机会。我国现行个人所得税征管的现状是，逾期申报或者不申报，被处罚的可能都是小概率事件，年收入上12万元不申报者更是比比皆是，大家对处罚条款的视而不见均源于处罚的可能性几乎为零。较低的违法成本以及从众心理使得税法遵从无从谈起。

2. 征管问题

征管能力是指主管税务部门实施税收政策的能力，任何良好税制的设计都受限于一个国家现实的征管能力。我国个人所得税的征管目前主要存在以下问题：

（1）税法执行力不强

我国的个人所得税税法经过20多年的发展和完善，在法规体系上比较完善，税收征管中征纳双方的权利与义务，具体的征管程序、纳税环节、纳税申报、代扣代缴、税务代理、违法处罚、减免税、税收行政复议和行政诉讼仲裁等方面都有明确的规定。但是税法的规定并未能得到正确的贯彻和执行，甚至出现普遍的以征管替代法律的现象，比如在实务中，很多地方采用综合计征率。此外，在个体工商户的核定征收上，还有不少人情税、关系税，不能对纳税人一视同仁。甚至在违法处理的时候，主管税务机关的自由裁量权很大，极易受到地方政府和诸多外界因素的干扰，税收征管对税收法律的刚性执法变成弹性执法，弹性执法变成替代执法。

（2）对个人收入信息不能充分掌握

由于社会收入初次分配秩序较为混乱，人们日常生活中存在大量现金流通和交易，信用卡使用程度仍然不高，所以税务部门对于个人收入资料的搜集长时间处于"第一难"状态。

受征管体制的局限，个人收入信息的传递与统计也是造成税收流失的一大问题。比如同一纳税人在四川省不同地区取得的各项收入，如果纳税人不主动申报，税务部门根本无法获得准确信息并统计汇总，不但如此，即使是同一税务部门内部征管与稽查之间、征管与税政之间的信息传递也是不顺畅的。同时，由于税务部门和其他相关部门缺乏实质性的配合措施和信息共享（比如税银联网等），形成了内部信息不充分，外部信息不通畅，出现了大量的漏洞。个人所得税在很多欠发达地区处于失控的状态。

（3）税收服务不到位

满足纳税人的合理需要是税务机关的工作职责之一，其服务一是接受纳税人对税法的咨询，二是良好高效的税务申报征管的辅助服务，三是个人完税证明的开具。而我们发现，税务机关为纳税人提供的服务不管在哪个方面，都远远满足不了纳税人的需要。而服务的落后影响了纳税人纳税意识的形成和培养，这种情况反而又影响了个人所得税的收入职能和分配职能的发挥，以及税收征管工作的顺利开展。

我国个人所得税自开征至今二十多年，其修修补补的税制很难再与我国国情现状相吻合,可以说就现有的分类课征模式下的个人所得税税法收入功能较强,而调节功能比较弱。在效率优先的时代里,这一制度有它的可取之处,可是中国经济发生了翻天覆地的变化,贫富差距也迅速扩大,而调节收入分配差距的手段却如此之少。和谐社会与民主社会对收入分配公平的诉求日趋强烈,社会不公最后恐怕也会导致效率丧失,由此,个人所得税必须增强收入分配的功能,真正成为一个"罗宾汉"税种。

5 现行个人所得税收入再分配功能的实证分析——以成都市为例的问卷调查

5.1 调查背景

个人所得税的改革号称税收改革第一难,近年来现行个人所得税制度遭到不少批评,其改革进展因紧密关系到每个人的利益受到社会广泛而强烈的关注。个税的改革不仅着眼于税收负担公平的要求,更是宏观收入分配调节的工具。而对纳税人家庭实际收入和支出的了解、纳税人对收入分配问题的意见,以及纳税人对个人所得税改革的期许,对不同税收征管方式的遵从态度,这些基本问题的调查对于个人所得税制度改革是有帮助的。

5.2 研究方法

5.2.1 问卷的设计

本次调查旨在了解成都市中产阶级的个税缴纳情况以及个税调节收入差距的情况。从而,调查问卷主体部分紧紧围绕主题测试了纳税人对税法公平性的感知、对不同类型收入的缴纳状态及对个人所得税申报的遵从情形、目标群体对个税改革的期许。另外,开篇设有少量基本信息问题,通过调查,用以印证部分已有研究成果,并且利用后文深入分析。

问卷基于对服务于论文和调查顺利进行的考虑而确定。问卷以文字选择题为主，个别涉及程度的问题采用了量表的回答方式，以增强调查的客观性。

5.2.2 样本及调查方式

取样对象为成都市涉外企业、国有企业、股份制银行、高校、医院、设计院、建筑设计和经济类事务所等单位，由此，目标群体均为有相对较高稳定收入的在职工作纳税人。为了符合本书对调节收入分配的调查要求，重点了解中等收入以上收入者的纳税情况。调查共发放问卷150份，收回问卷150份，剔除数据极不完善问卷5份，确定有效问卷145份（有效问卷率96.7%），并在此基础上进行分析。

5.3 结论与启示

5.3.1 调查获得的基本信息

此次调查对象学历集中于本科和研究生层次，共有106人，占回答者总数（145人）的73%。年龄则多集中在25~45岁，共有129人，占回答者总数（145人）的88.96%。年收入在20 000元以下为8人，占回答者总数的5.52%；年收入在20 000~50 000元人数为65人，占到样本总量的44.83%。50 000~100 000元收入者人数为40人，占到回答者人数的27.59%；超过100 000元人数为32人，比例占回答者人数的22.07%。以年龄和学历以及收入来看，样本群体是个税交纳的主体和收入分配调节的重点群体，因此透过基本信息可以认为，从此次调查目标中获知的中高收入者的纳税情况对于成都市中高收入纳税和收入分配调节状况具有一定的代表性。

5.3.2 收入差距与税负公平问题

此次调查仅就对贫富差距的感受来看（见表5-1），被调查者有76人（52.41%）认为"差距较大"，63人（43.45%）认为"差距很严重"，3人认为"差距合理"，3人对此表示"无感觉"，未作答。即是说被调查者中96%左右的人认为收入分配差距较大，甚至很严重。而当问到对个人所得税的直观感受时（见表5-2），被调查者对个税税负的感受偏向右端，显示超过半数（62%）左右的选项集中在重至很重区间，近30%认为一般，还有部分人认为合理，不排除一些个人因为不了解税法，可以认为个税之税"重"感普遍存在。

表 5-1　　　　　　　　纳税人对于贫富差距的直观感受

		直观感受					合计
		差距较小	差距合理	差距较大	差距很严重	没感觉	
人数	计数	0	3	76	63	3	145
	百分比	0.00%	2.07%	52.41%	43.45%	2.07%	100.00%

表 5-2　　　　　　　　对于税金负担的直观感受

		直观感受度						合计
		0	1	2	3	4	5	
人数	计数	11	20	25	34	18	37	145
	百分比	7.59%	13.79%	17.24%	23.45%	12.41%	25.52%	100.00%

5.3.3　被调查者的收入状况和缴税状况

被调查者家庭的收入状况见表 5-3。

表 5-3　　　　　　　　家庭的收入状况

		频率	百分比	有效百分比	累积百分比
有效	4 万元以下	20	13.79%	13.79%	13.79%
	4 万~10 万元	64	44.14%	44.14%	57.93%
	10 万~20 万元	33	22.76%	22.76%	80.69%
	20 万元以上	28	19.31%	19.31%	100%
	合计	145	100	100	

观察表 5-3 数据，被访家庭中家庭（包括单身情况，下同）年收入为 4 万元以下的家庭占 13.79%，家庭年收入为 4 万~10 万元的家庭占 44.14%，家庭年收入为 10 万~20 万元的占到 22.76%，20 万元以上的为 19.31%，说明受访者的大多数家庭处于城市中等偏上和高等收入水平。由于我国个人所得税的纳税单位为个人，为了更好地了解个人的收入类型与缴税情形，我们需要将个人收入水平因素与个人收入类型联系起来，进行多重响应列联表分析。但交互列联表分析的结论不具有典型的统计意义，不能代表总体也一定具有相同的结论。

如表 5-4，受访者中，有 116 人（占全部受访者的 80%）的个人全部收入来源于工资，有 22 人（占全部受访者的 15%）以工资收入为主要来源，其他收入占到总收入的0~50%，有3个人（占全部人数的2%）的其他收入占个人工资收入的比例超过50%，有4个人（占全部人数的2.7%）以其他收入（劳务报酬收入、财产性收入或经营性收入）为主，工资收入为辅助。而从交叉列联表来看，个人收入在2万元以下的共有8个人，工资收入为个人全部收入来源。收入在2万~5万元的65个人中，拥有其他收入来源的有12人，占到该列人数的18.5%。收入在5万~10万元的个人共40人，其中，有7个人拥有其他收入来源，占该列人数的17.5%，个人收入在10万元以上的个人共计32人，具有其他收入来源的共计8人，占该列人数的25%，其中有1人其他收入超过工资收入的50%，2人的其他类型收入远远超过工资收入。就该样本呈现的趋势来说，收入高的人群具有其他劳务报酬收入，财产性收入或经营性收入在总收入中的占比较大。

表 5-4　　　　　　　　　　收入类型的分析的交叉列联分析

		个人年收入（元）				合计
		20 000以下	20 000~50 000	50 000~100 000	100 000以上	
全部为工资	计数/个	8	53	31	24	116
	百分比	5.52%	36.55%	21.38%	16.55%	80.00%
以工资为主，其他收入占总收入的0~50%	计数/个	0	11	6	5	22
	百分比	0.0%	7.6%	4.1%	3.4%	15.17%
工资为主，其他收入占总收入的比例超过50%	计数	0	1	1	1	3
	百分比	0.00%	0.69%	0.69%	0.69%	2.07%
其他收入远远超过工资收入	计数	0	0	2	2	4
	百分比	0.00%	0.00%	1.38%	1.38%	2.76%
合计	计数	8	65	40	32	145
	百分比	5.52%	44.83%	27.59%	22.07%	1

进一步分析拥有其他收入类型的纳税情况，拥有劳务报酬收入的个人为33人，占22%左右，其中，有19人表示自己从未缴税，有13人表示部分收入纳税，有1人表示全部纳税。表明成都市在劳务报酬的税收征管方面的确存在较大漏洞。在拥有住宅出租的35人中，有22人表明自己从未缴税，有13人表明自己已经全部缴税，说明住宅租金收入的税收征管还需进一步加强。拥有铺面的租金收入2人均表示已经全部纳税，表明在经营性铺面的收入征管良好。

表 5-5　　　　　　　　　其他类型收入的缴税情况

	劳务报酬收入		有出租住宅收入		有出租铺面收入	
	人数	比率	人数	比率	人数	比率
无该项收入	112	77.24%	110	75.86%	143	98.62%
有收入，从未缴税	19	13.10%	22	15.17%	0	0.00%
有收入，部分缴税	13	8.97%	0	0.00%	0	0.00%
有收入，全部缴税	1	0.69%	13	8.97%	2	1.38%
合计	145	100%	145	100%	145	100%

在表 5-4 表明的收入状况中，有 8 人表明自己的收入是在 2 万元以下，而调查税收时却仅有 5 人未进行工资薪金纳税。调查结果在 2 万~5 万元的收入者是 65 人，而仅有 48 人表明自己的月均纳税额为 200 元以下。说明受访者有较大的低报收入的可能。表 5-4 表明样本中 10 万元以上个人是 32 人，而税收结果推算的个人税前收入超过 10 万元的应该超过 50 人。这可能有两种情形：一种是收入存在瞒报、低报的情形，这种状态在各个国家的统计调查都比较常见；二是由于代扣代缴制度的存在，很多个人在拿到税后收入，对个人月纳税金额并不清楚。这一情况在国外的财政学研究中也得到一定的印证，根据瓦克斯塔夫的研究，预扣税款制对许多纳税人来讲，个人所得税被转化成一种"无意思的税"，似乎有理由认为，这种方式影响了人的纳税意识。

调查问卷显示的结果印证了我们对个人所得税调节收入分配差距的部分统计数据分析结果。第一，中等收入者和中高收入者的收入来源中财产性收入占比增加。第二，拥有多样收入来源的个人调查中，比如兼职的劳务报酬收入，多数人承认自己未缴纳个人所得税，而一部分人表示兼职收入受到劳务接收单位的个人所得税代扣代缴管理。

表 5-6 为个人工资薪金的个人所得税缴税情况。

表 5-6　　　　　　个人工资薪金的个人所得税缴税情况

		频率	百分比	累积百分比
有效	未缴税	5	3.44%	3.44%
	200 元以下	48	33.10%	36.54%
	200~800 元	38	26.21%	62.75%
	800~1 500 元	23	15.86%	78.61%
	1 500~3 000 元	19	13.10%	91.71%
	3 000 元以上	12	8.28%	100%
	合计	145	100	

5.3.4 被调查者的家庭规模和消费状况分析（见表5-7）

表5-7　　　　　　　　家庭人口数和家庭支出的分析

			家庭支出（元）					合计
			10 000以下	10 000~25 000	25 001~50 000	50 001~80 000	80 000以上	
家庭人口数/人	1	计数/个	1	2	3	1	0	7
		占同类样本百分比	14.29%	28.57%	42.86%	14.29%	0.00%	100.00%
		占总体样本百分比	0.69%	1.38%	2.07%	0.69%	0.00%	4.83%
	2	计数/个	1	5	8	2	1	17
		占同类样本百分比	5.88%	29.41%	47.06%	11.76%	5.88%	100.00%
		占总体样本百分比	0.69%	3.45%	5.52%	1.38%	0.69%	11.72%
	3	计数/个	5	21	35	6	5	72
		占同类样本百分比	6.94%	29.17%	48.61%	8.33%	6.94%	100.00%
		占总体样本百分比	3.45%	14.48%	24.14%	4.14%	3.45%	49.66%
	4	计数/个	2	6	8	2	2	20
		占同类样本百分比	10.00%	30.00%	40.0%	10.0%	10.0%	100.00%
		占总体样本百分比	1.38%	4.14%	5.52%	1.38%	1.38%	13.79%
	5	计数/个	1	9	14	2	3	29
		占同类样本百分比	3.45%	31.03%	48.28%	6.90%	10.34%	100.00%
		占总体样本百分比	0.69%	6.21%	9.66%	1.38%	2.07%	20.00%
合计		计数	10	43	68	13	11	145
		百分比	6.90%	29.66%	46.90%	8.97%	7.59%	1

在所有样本家庭中，三口之家占总样本的49.66%，四口之间占13.79%，五口之家占20%，而单身家庭仅为7个，占4.83%；两口之家占了11.72%。

观察表5-7数据可以发现，家庭年支出为25 001~50 000元的家庭占被访家庭的 46.9%,家庭年支出为 10 000~25 000 元占被访家庭的 29.66%。而家庭年支出在 50 001~80 000 元和 80 000 元以上的家庭分别占 8.97% 和 7.59%,这表明该部分收入人群的消费能力较强。

5.3.5 受访者对于减税的反应和对税制改革的期望

(见表 5-8、表 5-9)

表 5-8　　　　　　　　　受访者对减税的反应

		响应频数	占样本的百分比
减税的效应	增加日常消费	47	32.41%
	储蓄	31	21.38%
	教育	32	22.07%
	购房	23	15.86%
	投资	12	8.28%
	合计	145	100.00%

表 5-9 是多重响应频数分析,可以很明显地看出,如果减税,个人对于增加的收入会依次用于日常消费、教育投资、储蓄、购房和投资,也表明在生存性消费满足后,发展性消费和投资在该群体所受到的重视也较高。

表 5-9　　　　　　　　　受访者对个税改革的期许

		响应频数	占样本的百分比
对个人所得税制度改革的期许	增加每月扣除额	30	20.69%
	降低税率	65	44.83%
	按通货膨胀率调整扣除数	22	15.17%
	改为家庭课税	31	21.38%
	扣除住房贷款利息	79	54.48%
	扣除住院医疗支出	69	47.59%
	扣除子女学费	47	32.41%
	合计	343	159.31%

在被问到对个税改革的期许时,排在前三位的分别是:扣除房贷贷款利息、扣除医疗未报销部分和降低税率。这三项均反映了作为纳税人的生存需求

的表达，住房、医疗乃生存必需的支出，而税率直接影响税负，隐现了税负较重及税与纳税人的物质需要存在资源争夺的可能。此外，扣除子女学费和增加每月生计扣除额也为高频选项。

5.3.6 个人所得税自行申报管理效果的调查分析

对于受访145人中，仅有1人进行了年收入纳税申报，关于纳税人是否愿意进行纳税申报，设计了1个问题，"如果您不愿意进行纳税申报，原因可能是什么？"其基本选项的被选频次及排序如表5-10。

表5-10　　　　　　　　　　个人未申报的原因

		响应频数	占样本的百分比
个人不愿意进行申报的原因	周围的人都没有申报	69	47.59%
	遭受处罚的可能性很小	61	42.07%
	不知道如何申报	56	38.62%
	申报过程很麻烦	45	31.03%
合计		231	159.31%

在此项调查中，"周围的人都没有申报""遭受处罚的可能性很小""不知道如何申报""申报过程很麻烦"等选项的排序表明，"法不责众"的心理和未申报受惩率低的事实，使得纳税人对逃避申报的影响认识不足，对税收的重视程度也较低。

对于提高个人申报数量和质量的措施和方法，响应频数最高的是收到税务局通知申报的通知，其次是得到官方纳税申报的服务、合理的税收制度、纳税人地位的提升和权利的保障。而纳税人最不愿意受到处罚和遭受税务审计，这一选择结果说明，税务审计和税务处罚同样对纳税人具有较强的威慑力，但是对于受过良好教育的纳税人来说，所反映出来的主动的税务遵从是期望得到必要的税务申报帮助服务和基本的提醒制度的建立。见表5-11。

表 5-11　　　　　　　　提高个税申报的措施和方法

		响应频数	占样本的百分比
提高纳税申报的措施和方法	个税税收制度更加合理	69	47.59%
	纳税人的地位与权力保障	61	42.07%
	纳税诚信进入个人征信体系	56	38.62%
	公共产品与服务的改善	45	31.03%
	税务局在具体的申报方面为纳税人提供帮助	76	52.41%
	收到税务局个税申报的通知	115	72.41%
	对个人的税务审计更加频繁	11	7.59%
	更加严厉的处罚	13	8.97%
	合计	357	451.90%

总体来说，对成都市个人收入分配以及纳税的调查问卷给我们勾勒和还原出纳税人个人以及家庭收入的来源与结构、支出规模与消费倾向、纳税情况等基本问题的面貌，即使调查结果显示纳税人不是十分了解自己的纳税义务，但对于纳税人在政府公共商品和公共服务提供方面的诉求，对政府税务征纳服务的期待，对征管制度的个人选择意愿，对退税政策的态度以及税务认知、税务意识方面的状态得到一个大致的了解，对我们个人所得税制度和配套的征管制度改革和设计，有重要的参考意义。

6　个人所得税制度模式选择

良好个税设计的主要目的在于调节收入分配的同时，尽可能少地扭曲激励和损害增长。毋庸置疑，个人所得税制度会改变个人在工作与休闲、消费与储蓄之间的选择，从而带来效率成本。税制要素设计所确定的适当的累进性来强调收入分配的功能，而不带来更加高额效率成本，是最为困难又最为重要的问题，这是税制设计的原则性要求。如何增加税务管理机构和社会配套条件，使其在执行上对增加制度效力的匹配和保护也是制度设计者需要思考的问题。就纳税人方面而言，如果公民信赖政府提供的公平产品和服务，可能会更愿意纳税，相反，如果社会福利不足或者腐败问题严重，就很难取得公民的信任或提高税务遵从度。

6.1　税制模式的选择

6.1.1　个人所得税制度模式的分类

从西方国家个人所得税制度发展的历史来看，其课税模式依次为分类所得税制（1803年）、综合所得税制（1891年）、混合所得税制（1917年）（混合所得税制又称综合与分类税制）。分类所得税课税模式是对纳税人所得按不同性质来源来分类，并对不同类型的所得按不同的税率进行课征。分类所得税课税模式的优点是可以广泛采用源泉扣税法控制税源，其缺点是不能按纳税人综合税负能力课税，无法体现税负公平原则且容易产生偷逃税。综合所得税课税模式是将纳税人一定时期内各种不同来源的所得综合在一起形成所得总额，再减去各种法定的宽免额和扣除额，然后按照一定的税率进行课征。综合所得税课税模式有较强的调节收入分配能力，但是综合课征要求纳税人诚信纳税、个人收入透明、有效的现代化个人收入监管工具和个人收入核查手段。而混合所得税课税模式是将分类所得税课税模式和综合所得税课税模式调和的税制，它能够部分弥补分类所得税制公平性较差而综合所得税制效率较低的弱点，在当今各个国家的税收实践中，发展比较迅速。

分类制是最初的形式，是将个人各种来源不同、性质各异的所得进行分类，分别扣除不同的费用后按不同的税率课税，其特点是区分不同的收入形式在税收上区别对待，不同的所得课税依据、税率、费用扣除方法均不相同。当社会处于收入刚达到温饱水平，社会成员的收入普遍不高时宜采用此种方式，其优点在于征收时源泉扣缴作为主要征收方式，行政效率高，征管成本远远低于综合所得税制申报课征方式。但由于在分类征收模式下，无法就纳税人一个纳税年度内的全部所得综合计算，也就无法衡量纳税人的综合收入和综合税负，不同地区、不同家庭结构在生活成本和费用支出上有差异，高收入阶层和低收入阶层在收入来源与结构上明显不同，分类模式不仅难以体现合理负担、公平税负的原则，而且为多渠道收入者分解收入或者转变收入性质提供了可操作的空间，并增加了税收有序管理的难度

当国家人均 GDP 达到一定的规模，个人所得税成为稳定增长的大税种并普遍征收时，就有了收入分配调节的功能。近一个世纪以来，海格·西蒙斯（H-S）型综合所得税理论在个税理论中占据绝对的权威，该理论主张在重视公平的民主国家，以年度各种类型不同的总收入作为衡量公民支付能力和年度真实的福利状况的指标，最能表达公平。落实到个人所得税的课征制度上，应该考虑综合制。

海格·西蒙斯认为，综合所得的计算即简要又透明，也容易得到可靠的税基。综合税制通常以年为纳税的时间单位，要求纳税人就其全年全部所得，在减除了法定的生计扣除额和可扣除费用后，适用超额累进税率或比例税率征税，真正贯彻"支付能力"原则。此类税收制度的特点也较好地弥补了在分类制度下，由于收入性质不同计税方法不同，所以纳税人会通过收入形式的转化或者化整为零来改变税负对经济活动形成一定的扭曲和资源配置的影响。但是综合所得税制也有一定的缺陷，比如，在一个纳税年度实现了公平，但是在整个生命周期内未必公平，比如喜欢储蓄而非消费的人会产生更多的利息税。几乎没有国家的税法允许进行资产名义价值的通货膨胀调整，因为利息并不是唯一的资本利得，而就税收公平性来说，保持财富实际价值不变的通货膨胀的价格补偿不应当作为个人所得税的税基。最为重要的是，综合所得税制无法克服高额的税收遵从费用和征收成本的弊端。

综合与分类税制模式的产生和发展源于 1917 年法国首次确定的个人所得

税征收的混合制，20 世纪 90 年代开始，在北欧四个国家（挪威、芬兰、瑞典、丹麦）也陆续推行，后来奥地利、比利时、意大利、德国、瑞士也加入综合与分类税制的行列。综合与分类税制兼有综合税制与分类税制的特征，区别资本所得和劳动所得进行征税，实际上，综合与分类税制就是一种精心设计的分类税制。通过 Salanié（2003）等人的实证研究证明，对资本利得课征的最优税率是比例税率。而 Nielsen 和 Sorensen（1997）通过研究论证了在对资本所得课征比例税率的情况下，对劳动所得课征累进税率可以使个人所得税制度达到最优。就国际通常做法看，综合与分类税制模式有如下几个特点：第一，一般对劳动应税所得项目到年终予以综合，按照累进税率征税，对资本所得收入项目则按比例税率实行分类征收；第二，资本利得一般包括股息、利息、红利、经营过程中的投资收益等，劳动所得包括工资、劳务报酬、稿酬、特许权使用费、附加福利、养老金，还有一些需要划分的所得，即经营过程中的需要被划分的资本所得和劳动所得；第三，为避免收入转换的逃避税形式，在税制设计上的一般原则是劳动所得的最低税率应该接近于资本所得的单一比例税率。

6.1.2　西方综合与分类税制模式实践的经验研究

党的十六届三中全会决定提出了建立综合与分类相结合的综合与分类税制的目标。综合与分类税制在近年来受到多国的青睐，其实践效果值得我国借鉴。

综合与分类税制模式虽然违背了人们认可的传统综合所得税的原则，但是既能保留分类税制下的效率优势，又能在很大程度上解决分类税制的税负不公与税收流失问题，在综合征收的税率设计中，实施促进公平的累进税率，综合考虑税前扣除等问题，还可解决综合税制的某些不足。比如甲辛勤劳动月所得 4 000 元与乙不外出工作靠出租房屋月入 4 000 元相比，在综合税制下被课征同样的税收也未必就很合理。对于多数发达国家而言，还解决了综合税制下无法对通货膨胀引起的资本利得进行税基调整的不足。所以，综合与分类税制的优点是根据特定的政策目标对个别项目实施区别对待，它能够较好地体现公平税负的原则，它充分考虑劳动力和资本在流动性上的巨大差异以及个人税收综合负担设计。从历史发展的过程来看，是否对劳动所得和资本所得分开课税，也经历了一个选择过程，早先人们都会认为劳动所得的税负应该轻于资本利得，而横向公平概念的深入又让人们逐渐接受了综合税制，关注个人或家庭收入的收入总量，随着全球资本流动以及各国资本市场的发展，各国都纷纷对资本所得征轻税以鼓励投资，促进经济发展的效率。这促成了综合与分类税制在各国的发展。

在很多国家，综合与分类税制实践中的难点在于在那些本人拥有的企业（合伙企业、自雇企业）里面工作的业主赚取的经营收入，即具有经营主投入的资本收益，也有本人的劳动收入，其复合性质使得综合与分类税制需要将其企业经营所得划分为劳动所得和资本所得两个部分，划分方法和比例的问题一直存在很大的争议。比如在挪威，所有独资企业、自雇企业和积极股东拥有三分之二以上股份的内部持股公司的经营收入都应依法分割为劳动所得和资本所得，这些企业的资本所得由其资本资产价值乘以一个固定的资本收益率而确定，这一推定的收益率等于五年期政府工资利息率加上4%的风险溢价，对于各类企业都相同。劳动所得为企业经营利润减去推定的资本利得而获得（Sorensen，2005）。当资本利得出现亏损的时候，很多国家也允许将资本利得与劳动所得合并。对资本收益和劳动收益的划分和确定的困难，也是中国不可避免的问题，此外，劳动所得和资本利得的税负轻重如何设计也是一个较为敏感和困难的问题。

北欧国家二元所得税制，即资本所得和劳动所得税收征收情况见表6-1。

表6-1　　　　北欧国家的二元所得税制情况（2004年）　　　税率单位:%

	挪威	芬兰	瑞典	丹麦
二元所得税改革时间	1992年	1993年	1991年	1987年
税率——资本所得 税率——劳动所得	28 28~47.5	28 29.5~52.5	30 31.5~56.6	28/43[a] 38.1~59
资本所得的基本扣除	有	有	有	有

注释：a 表示低于起征点的股息税率为28%，其他税率为43%。

6.1.3　我国的税制模式选择与考虑

我国30多年的改革开放使得社会经济有了极大的发展，在急速发展的过程中，国民收入分配存在着诸多问题，矛盾愈加尖锐，在国家财力雄厚的今天，个人所得税应该定位于去缓解收入分配差距过大的突出矛盾，这是笔者对于分类和综合相结合税制是十六届三中全会决定提出的目标的个人理解。

分类与综合相结合的税制又叫综合与分类税制，可以分为交叉型、并立型、附加税制三种具体模式。考虑到交叉型和附加税制在征管上的要求和难度，以及北欧四国采取的并立型税收实践的成功经验，在学界，我国也基本达成并立型个人所得税设计模式的共识。

对于我国综合与分类税制税基的设计，可以参考两个标准，一是将所得性质相同的收入列为综合征收项目，而所得性质不同的收入列为分类征收项目；二是将有费用扣除的项目列为综合征收项目，将无费用扣除的项目列为分类征收项目。笔者认为应将工资、薪金所得、生产经营所得、劳务报酬所得等劳动性收入列入综合征收的范围，费用扣除的方法为综合扣除法，而对于租赁、利息、股息、财产转让所得、偶然所得等仍然采取分项计征的方法。

混合模式的实施需要具备相应的征管及配套条件，比如纳税人各项收入比较透明，计算机信息化管理，储蓄与投资的实名制，财产登记制度，纳税人统一身份编码以及银行、海关、工商、劳务管理、出入境管理、驻外机构等向税务部门提供充分信息。本书赞同综合与分类税制的改革，并认为，对于综合与分类税制所需要的配套条件，需要大量的建设和投入才能实现，而且所有的工作是相辅相成的，相关配套条件的投入，不仅是个人所得税的征管需要，也是建设健康和谐的民主社会的需要。

6.2 确定税基

6.2.1 确定税基的理论研究

海格·西蒙斯的"净增值说"是现代所得税制综合所得概念的基础，西蒙斯将个人总所得定义为"各种消费权力的市场价值与在有关计税期的期初和期末所积累的拥有产权的财产价值的变化量的代数和。"即"某人在规定时间内，按照客观市场标准计量的收益"[①]。这一理论清晰地说明了包括实物所得、其他经济利益在内的所有收益属于课税范围，这样就包含了对附加实物福利的税务处理要求，虽然在定价方面，附加实物福利存在确定性上的困难，但是从法理上来讲必定应该纳入税基管理，各国在税务实践中也尽量将实物福利与其他经济利益包含在总所得的范围之内。

当然，"净增值说"最理想的实践是实行综合课税模式，不论收入来源和类别，将全部收入加总，然后进行成本费用的扣除确定应纳税所得额，按照适用税率征税。

---

① 西尔文·普拉斯切特. 对所得的分类综合及二元课税模式 [M]. 北京：中国财政经济出版社，1993：40.

更为明晰的是,因为税收信息化、税务征管水平等多方面的原因,理想税制未必是最优的选择,即使是美国这样典型的综合税制国家,其实也不执行严格意义上的综合税制,考虑征管的现实原因,仍然对薪酬所得和经营所得进行了区分,能够符合一国自身征管能力的税收制度才是恰当的选择。

6.2.2 确定税基的具体选择

1. 应税收入的确定

具体到税收实践,个人净收入往往还需要区分应税收入和免税收入,考虑免税收入的范围和金额,在应税收入中生计扣除费用的确定,其他允许扣除的费用、税金、损失,以及收入确认中的通货膨胀因素的调整机制。

一般来说,个人所得税的收入按照实物形态可以分为货币收入、实物收入、附加福利(如雇主单位提供的健康体检)等形式。那么,按照收入性质来分,可以分为劳动所得和资本所得,以及无法区分的自雇所得等混合所得。在综合与分类税制下,对收入性质的区分是整个税制构建的基础。目前而言,划分劳动所得和资本所得,有两个问题仍需研究。一是对特许权使用费所得如何归类。有两种不同看法,一是认为这属于无形资产带来的收益,应划归资本所得一类;有人认为这属于与知识、智慧紧密有关的脑力劳动,与资本所得有本质的不同,应当划归为劳动所得,可以考虑将形成特许权的本人所获得的特许权(包括著作权、专利权等)划归为劳动所得,个人买入、受赠、继承所获的特许权划归财产类所得,对其许可或转让取得的所得应按财产类收入征税。二是两重性所得如何划分。两重性所得是劳动所得和资本所得的综合体。个体工商户生产经营所得、个人独资和合伙企业所得以及其他具有投资和经营的所得,都具有劳动所得和资本所得的两重性。在挪威,所有独资企业、自雇企业和积极股东拥有三分之二以上股份的内部持股公司的经营收入都依法分割为劳动所得和资本所得,这些企业的资本所得由其资本资产价值乘以一个固定的资本收益率而确定,这一推定的收益率等于五年期政府工资利息率加上4%的风险溢价,对于各类企业都相同。劳动所得为企业经营利润减去推定的资本所得而获得。当资本所得出现亏损的时候,很多国家也允许将资本所得与劳动所得合并。在我国,个体工商户和个人独资企业由于其财务会计不能准确核算,对其征收的个人所得税采取核定征收办法,对其征收的税款无法区分是劳动所得还是资本所得应当缴纳的税款。对能够查账征收的合伙企业,现行税制采取统一计算、先分后税,按个体工商户生产经营所得征税办法处理。这种处理办法,仍然没有对投资者的经营所得和资本所得区别对待。投资者应税所得的形成，既有劳动所得的成分，也有资本带来的收益，这一情况应当考虑适度分割，具体分割比例与企业存续时间有密切联系，推定资本所得不能低于20%。

收入按照是否合法来划分，可以分为合法收入和不合法收入。大多数国家都以合法收入来确定个人所得税的课税对象，对非法手段获取的所得不列为应纳税所得额，也有国家要求非法所得也必须申报，比如美国。此外，还有附加福利的问题。附加福利包括雇员从雇主处得到的所有非货币化利益。额外福利是雇员所获得总福利的一个重要组成部分。在一些国家，所有提供给雇员的非现金福利都要缴交雇员福利税。

确认个人应税收入的方法有列举法（包括反列举法）和概括法，由于列举法往往很难一一列举所有该性质的收入，在列举法中也经常用到概括性的条款，来说明对不同收入性质的具体描述。在综合与分类所得税制下，就我国而言，可以考虑将劳动所得列为综合征税，包括工薪所得、经营所得、承包承租所得、劳务报酬所得、稿酬所得、其他具有劳动性质的所得（包括所有的体力和脑力劳动所得都归入此类）。对特许权使用费所得这类兼具劳动收入和财产性收入的类型，对形成特许权的本人所获得特许权（包括著作权、专利权等）划归为劳动所得，个人买入、受赠、继承所获的特许权划归财产所得，对其许可或转让取得的所得应按财产类收入征税。分类所得应当包括财产类所得（如财产租赁所得，财产转让所得，特许权使用费所得，利息、股息、红利所得）、偶然所得和其他杂项所得。

2. 非应税项目的确定

非应税项目一般包括免税项目和单独征税的项目，比如，各国通常都将遗赠所得单独征税，作为和个人收入相并列的收入性质。我们在这里只讨论免税的部分，一般情形下，在设计了税制的基本扣除规则后，会认为减免是越简单扼要越好。而个人所得税税法对非应税项目的设定，取决于国家财力和社会发展的程度以及个人所得税的定位是在多大程度上偏重收入分配功能而不是筹集收入功能。

免税项目一般根据国情和社会发展需要而定，比如目前个人所得税税法对购买国债和金融债券利息免税，对抚恤金和保险赔偿收入免税。总的说来，一般情况下的免税项目都包括几个方面：一是国家对某些特定投资的鼓励，如国家债券；二是某些福利性和补偿性收入，如抚恤金、职工生活困难补助和保险赔款；三是受鼓励的社会发展目标，如科技、教育、体育、卫生方面的一定级别的奖励支出。另外，还存在根据国际公约和税收协定的对某些特定人士的减免税项目。甚至在某些特殊情况下，为吸引境外资金和跨国人才对外籍个人实行的特殊减免。

3. 税收优惠

税收优惠是对某些特定社会目标、经济行为、特定情形给予的激励和照顾，设计个人所得税优惠政策同样应当依据税收法定原则和极简原则。各国个人所得税征管实践经验表明，优惠项目越少，税基越明确，纳税人避税越难，税务机关越易于征管。税收优惠的对象可以沿用现行制度，主要分为以下几类：

（1）对社会特定目标。如促进就业创业的扶持政策，对高校毕业生、农村转移劳动力、退役军人就业的税收优惠；对引进人才、科技创新给予政策鼓励。

（2）对特殊社会群体。对残疾人、孤老人员、烈属、城镇生活困难人员等弱势群体予以税收优惠扶持。

（3）积极应对不可抗力因素。对严重自然灾害给纳税人带来的损失，通过申请可以给予税收减免。

（4）授权国务院制定的其他优惠。原则上税收优惠法定，对特殊情况和不可预测的重大事项，授权国务院制定临时税收优惠政策。

4. 应税收入的确定和征管模式的匹配

如前所述，在综合与分类税制的情形下，主要区分综合所得（主要是劳动所得类）和分项收入（主要涉及财产所得类），以及需要划分性质的自雇所得。劳动性收入包括工资薪金所得、劳务报酬所得、稿酬所得、企业年金等劳动性质的所得，而财产性收入包括股息、利息、分红、财产转让所得、财产租赁所得、债权转让收入、偶然所得、杂项所得等各类收入。

对于应税收入的计征方式，有源泉扣缴和自行申报两种。在综合与分类税制下，通常的做法是综合所得先通过预提税的方式预交所得税，再通过年终申报汇算，多退少补。在澳大利亚、加拿大、瑞典和美国，其综合收入的基本程序都是通过预提税抵免全部应纳税额。源泉扣缴往往有三种方式，包括简单计算、累计计算和年终调整计算。影响是否采用源泉扣缴的首要因素是税制模式。在综合与分类税制以及综合税制体系下，源泉扣缴都需要个人申报（各类免除、扣减和抵免）的配合，才能实现精准的税收计征。而彻底的分类税制则不需要（比如现行个人所得税制度），所以，以综合与分类税制为改革目标的个人所得税制度需要税务局实现信息化管理并有以法律为依据的控制力，能够从第三方，比如公司、行政事业单位、金融系统等机构获取信息，这需要法律、管理制度和计算机硬件系统的全面支持和纳税人的配合。综合收入源泉扣缴的简单计算的方式是每月预交，年终按照总收入计算累进税额，退税或者补税。而累积制度是不断反复地计算源泉扣缴税以使得预提税更加接近于实际所得税。而无论如何，到年终时，最终预提税是在累积基础上计算的。在全年结束时，全部预提税要与实际工作上的应纳税进行比较并且予以最终的调整。

  课税对象是个人还是家庭，在源泉扣缴上也有所不同。具体地说，只有以个人为课税对象才有可能实行源泉扣缴，这也是实行源泉扣缴极为有效的方式。而夫妇联合申报的家庭课征制度更依赖于申报制度。

  对于附加福利，有很多国家从便于征管的角度考虑，由雇主来扣缴附加福利的个人所得税。对于年终加薪和第 13 个月的工资收入，各个国家的标准的解决办法是将它另行单独规定一个比例税率，而非累进税率来进行征收。我国目前执行的《关于调整个人取得全年一次性奖金等计算征收个人所得税方法问题的通知》也是遵循的国际惯例，将纳税人取得的全年一次性奖金，单独作为一个月工资、薪金所得计算纳税，并按一定的计税办法确定比例税率，由扣缴义务人在发放工资时代扣代缴。

7 个人所得税制度要素的设计
——纳税人与纳税单位的确定

在成都开展调查问卷的结果表明，很多人认为现行的以个人为纳税对象的税制应该改革，因为家庭才是社会的基本单元，在物价不断上涨的情况下，更多的人担心现行生计费用扣除标准的制度设计对某些特殊家庭基本生存和发展的保障仍然存在威胁，对费用扣除标准一刀切的合理性心存疑虑，其认为对累进税率结构的设置直接关系到中等收入人群税收负担问题和公平问题。

7.1 纳税人的确定

纳税人是个人所得税制度构成的基本要素之一，从法律上看涉及根据税收管辖权来确定国际税收中的纳税人，从经济上看涉及政府确定哪些社会成员、收入阶层成为负担个人所得税的纳税人，同时也涉及课税对象是个人，还是确定为基本的社会单元——家庭。

7.1.1 个人所得税的税收管辖问题

个人所得税纳税人的确定取决于国家税收管辖权的规定。一个国家税收管辖权的原则不同，个人所得税纳税人的确定内容也是不同的。税收管辖权是国家权力的一部分，而国家主权的行使都是在一定范围内起作用的，税收管辖权只能在国家行政权力所涉及的范围内行使，不能僭越。国家行政权力所涉及的范围，从人的角度，包括居住在本国境内以及境外的所有本国居民（公民）以及在本国构成居民的外籍人；从地域的角度看，包括一国所管辖的领土、领空、领海地区，即属地原则。

一国税收管辖权在征税范围问题上也同样遵从属地原则和属人原则。基于属人原则所确立的税收管辖权可以分为公民管辖和居民管辖，基于属地原则所确立的税收管辖权即是属地管辖权。一般来讲，每个国家有权根据本国的意志来确定本国实施一种或者同时实施两种税收管辖权。

随着跨国贸易和跨国经济迅速发展，资本、技术迅速融合，跨国劳务输入输出日益增加，对个人所得税的课征，除了本国居民境内所得之外，还存在大量本国居民在境外的所得以及外籍个人在本国境内的所得的情况，如果实行单一的税收管辖权，则有很大一部分税收收入流失。基于税收主权和税收利益考虑，目前世界上大多数国家，如中国、美国、加拿大、英国、法国、日本等都采用这种属地管辖权和属人管辖权双重管辖的做法。除非是像中国香港、巴拿马这样的国际避税地，还有就是一些发展中国家和地区，比如阿根廷、玻利维亚等，依靠单一的地域管辖权以吸引资金和资源。

按照属人原则确定的居民（公民）管辖权，要求本国居民或者公民承担无限纳税义务，对来源于全球范围内的所得向本国居民纳税；按照属地原则确定的地域管辖权，要求非本国居民或者公民承担有限纳税义务，仅对来源于本国国境范围内的所得课征所得税。

7.1.2 纳税人的具体制度设计

个人所得税纳税人的确定标准，各国法律规定各不相同，但主要是以公民为纳税人标准或以居民为纳税人标准。以公民和居民相结合或者以地域管辖权来确定纳税人标准的做法很少国家采用。

1. 以公民作为纳税人标准

以公民标准确定纳税人的关键是对公民资格的认定。公民是一个法律概念，通常是指具有一个国家的国籍并根据该国的宪法或者法律规定，享有一定权利并承担一定义务的自然人。公民的法律概念在不同的国家有着不同的规定，但几乎所有的国家基本上都以国籍作为确定公民的主要标准，拥有一国国籍的自然人，与该国有着密切的法律关系，受该国管辖，享有法律所规定的权利和义务，并受该国的外交保护。

各国有关国籍取得的法律规定是不同的，概括起来主要是以下两种情况：一是依出生而取得国籍，也称为生来国籍，其确定原则主要有血统主义原则和出生主义原则。血统主义即一个人不论出生在何地，只要其父母是本国国籍，子女从出生之日则具有该国国籍，西欧等国按此原则确定本国国籍；而出生主义即一个人的国籍取决于其出生的地方，一个人在哪国出生，就被赋予哪国国籍。美国和拉美的一些国家按此原则确定国籍。二是依归化而取得国籍，主要体现为一个人由于婚姻或者收养等关系而取得的国籍。单纯以公民为纳税人标准的国家，一个自然人如果取得公民资格，就成为该国个人所得税的纳税人，其来源于全球的所得向该国负有无限纳税义务。

2. 以居民作为纳税人标准

以居民为纳税人标准的关键在于对居民的认定。对税收管辖权来说，居民指的是税务居民的概念，不论该自然人是否具有该国国籍，只要在某国居住并达到该国所规定的税务居民条件就被确定为该国纳税人。判定一个纳税人是否为本国的税务居民的标准，主要有以下三种：

（1）住所标准

住所是一个民法上的概念，一般指一个人固定或永久居住地。一国采用住所标准判定自然人居民身份时，凡是住所设在该国的纳税人即为该国的税收居民。

住所作为一个法律概念，无论是在大陆法系国家还是判例法系国家一般都有明确的定义。如，法国法律规定个人的定居之地即为其住所①；中国的法律规定，个人住所是指习惯性居住的所在地，是当一个人因为上学、就医、工作等原因消除以后，没有其他理由在境外逗留后所要回到的地方，并将当事人的家庭（配偶、子女）、主要经济利益关系所在地（主要财产、不动产所在地，主要经济活动中心）作为判定定居住所或者是习惯性居住的客观标准。

各国法律中确定住所的标准不同，因此税收居民判定标准也不尽相同。目前大多数国家均采用客观标准——即以自然人在本国是否有定居和习惯性居住的客观事实为依据，但也有极少数的国家采用主观意愿标准来确定。

（2）居所标准

居所是一个较为模糊的定义，它通常是指非习惯性居住地但是自然人在该地方长时间居住。在判定标准上各个国家差距也很大，比如拥有非临时性的住房（购买该国房屋取得产权）并在该国居住，也有用居住时间长短以及该自然人与当地的关系来判定是否达到居所标准。

（3）时间标准

通常指自然人在一国境内居住或者停留的时间超过一定的时间（如半年或一年等）作为税务居民的判定。即是说，不管一个人是否在该国有住所，如果在该国居住时间超过了一定的天数，也视同为该国的税务居民缴纳个人所

---

① 蔡秀云.个人所得税制度国际比较研究[M].北京：中国财政经济出版社，2002.

得税。对于停留时间的长短,各国规定不尽相同,通常有半年和一年。比如中国、日本、韩国、新西兰等国家规定为一年。而英国、爱尔兰、新加坡等国家就规定为半年。

我国现行个人所得税制度执行居民管辖权和地域管辖权的双重管辖制度,对税务居民的认定同时采用住所标准和时间标准,经过20多年的发展,我国对于纳税人认定方面的税收制度已经比较成熟,对我国国情以及国际化趋势所带来的居民与非居民的税务征管变化都能较好地规范,并能较好地维护本国税收主权与税收利益。

7.2 纳税单位的选择

7.2.1 纳税单位是实现公平分配的重要税制要素

目前对于个人所得税的批评和改革,集中在税制不公正和分配调节能力的低效。以"支付能力"为基础制定的累进税率是以个人为单位而不是家庭,这带来了家庭税负的横向不公。其中,对于纳税单位的讨论,大多数国内学者,包括在2010年"两会"期间,很多人大代表建议对以个人为课税对象改革,这种改革的主要诉求是认为现行个人所得税制实行分类列举征收,虽对纳税人本人的生计费用予以扣除,但没有考虑纳税人家庭的整体收入和赡养、抚养、生病、教育、住房以及家庭成员的生活支出等情况,也没有考虑不同地区的消费水平,对通货膨胀因素也未剔除。另一个层面,从理论上来说,社会的基本单位是家庭,家庭是与企业并列的经济部门,不区分纳税人已婚、未婚、家庭人口多少、家庭总收入多少地简单以个人为单位征税违背了横向公平(相同的家庭收入相同的税收)。衡量个人的支付能力,应该将其纳入家庭的框架中综合评价,否则便是极大地忽略了家庭成员间经济上的必然关系,是一种税制缺乏理性的突出表现。我们举例说明这一问题。如表7-1所示:同样的核心家庭,一个家庭仅一方有收入来源,其他家庭夫妻双方都有收入来源,家庭总收入为10 000元人民币,其他情况暂不考虑。

表 7-1　　　现行个人为纳税单位情况下家庭税负差异计算表　　　单位：元

家庭编号	男方收入	女方收入	家庭总收入	生计扣除(1)	家庭合计纳税	税务差异（以第6组家庭为基数）
1	10 000	0	10 000	3 500	745	−655
2	9 000	1 000	10 000	4 500	545	−455
3	8 000	2 000	10 000	5 500	345	−255
4	7 000	3 000	10 000	6 500	245	−155
5	6 000	4 000	10 000	7 000	160	−70
6	5 000	5 000	10 000	7 000	90	0

数据来源：根据《中华人民共和国个人所得税法》计算所得。

如表7-1所示，以家庭每月总收入为10 000元人民币为例。假设不考虑家庭赡养人口，不考虑工资以外其他的来源，6个家庭的月总收入均为10 000元，以6号家庭（夫妻收入均等）为基准，我们可以看出夫妻双方收入差距造成家庭税收负担不同，1号家庭的税务负担与6号家庭相差655元/月，年相差7 860元，相当于家庭年总收入的6.55%。这还未考虑每个家庭的承担抚养赡养义务的巨大差异。这一情况，是在累进税制结构下对个人而非家庭课税所必然出现的结果，也是目前我国个人所得税制度受到广泛批评的重要原因。

7.2.2　OECD国家纳税单位选择的经验研究

1. OECD国家个人所得税制度纳税单位的改革（见表7-2）

纳税单位是应纳税所得计算的基础，一般来讲，包括个人。如果已婚夫妇或者家庭被视为纳税单位，那么，应纳税所得是按照家庭中的所有人的所得和扣除额来计算的。最早的税法，如1799年的英国税法，将未婚个人和已婚夫妇视为同样的纳税单位，因为当时已婚妇女的所得也被当作丈夫的收入，并不作为单独的个人财产存在，一个多世纪后民主人权发展特别是妇女的独立地位被承认后，澳大利亚、加拿大、新西兰、美国都将个人作为纳税单位。1948年，美国实行以家庭为纳税单位，承认夫妻拥有共同财产，允许配偶双方实行共同申报，享受收入分割制度。因为女性的劳动弹性大于男性的现实，婚后的女性可能会选择减少工作量或放弃升职，但要在税收制度上做出针对性别和年龄不同的区别是不可能的，所以在允许收入分割的家庭课税制度中，实行收入分割带来了婚姻红利，提高了家庭福利和社会效率，还降低了税收制度对工作和闲暇之间的税务扭曲。因为从全社会来说，男性有较高的劳动工资率，而女性可以更好地增加家庭福利和产出（照管和教育好少儿），那么就全社会而言或许是福利最大化的选择。这是对家庭课税的重要优势之一。由此看来，欧美国家在进行个人所得税纳税申报单位制度设计时，也经历了曲折的文化变迁和制度演进。目前来看，欧洲各国的纳税申报单位主要包括以下形式：

（1）个人申报制度

个人申报制度是以一个人作为申报单位的制度，家庭成员各项所得都可以单独申报。目前，丹麦、芬兰、奥地利等国都采用这种制度。如丹麦和芬兰都规定，纳税申报夫妇双方应分别申报；而在挪威，夫妻双方可以分别按照单身个人情况纳税，也可以按照已婚夫妇情况纳税。个人申报制度的优点在于：一是可以对结婚保持中性；二是计算简单。但是其也存在着缺点：一是易出现家庭成员间通过分割所得逃避税收；二是未考虑赡养人口，不符合社会公平原则；三是从家庭角度看，可能出现高收入家庭缴纳税收低于低收入家庭的不合理现象。

（2）合并申报制度

合并申报制度是以家庭生活单位为申报单位，或夫妻、或父母子女、或为共同生活的家属，其所得合并计算，按累进税率纳税。目前，采用这一制度的国家有西班牙、英国、比利时、葡萄牙、意大利、瑞士等。以比利时为例，该国税法规定，个人申报需以家庭为单位进行申报，基本扣除额也会因所在家庭是否为已婚夫妇或者单身个人和受抚养儿童的个数而有所不同。西班牙同样以家庭为单位申报，对于家庭中需要赡养老人年龄的不同和抚养儿童的多寡也规定了不同的扣除额。合并申报制度的优点在于，这一制度充分考虑了家庭成员的收入状况，比较公平合理，并且可防止个别申报制度中的避税行为。但其缺点为：一是对婚姻产生干扰；二是影响妇女工作意愿；三是破坏夫妻间的收入隐私权。但这些弊端在边际税率较低、累进级次较少时会有所缓解。

除了以上两种主要的纳税申报单位制度外，法国还采取了一种特殊的纳税申报单位制度，即所得分割制度。尽管法国也是以家庭为单位申报纳税，但是其采用的所得分割制度却有个人申报的性质。具体而言，法国采用的所得分割制度是指将全部家庭成员的应税收入进行汇总，然后按每个成年人占一份额，未成年子女占二分之一份额的标准将总收入在家庭范围内进行等分，得出数字乘以相应税率就是单一份额的应纳税额，再以单一份额的应纳税额乘以分割的份数即得到家庭应缴纳的总税额。法国采用该方法，既减少了税收累进性的影响，又避免了忽视家庭赡养人口不同而导致税收不公平，同时该做法具有鼓励生育的作用。但其缺点在于：一是易产生税收流失；二是高收入家庭容易通过生育子女获得税收利益,从而缺乏公平性。

表 7-2　　主要 OECD 国家已婚家庭的收入申报状态一览表

申报方式	国家	收入分劈
个人单独申报	澳大利亚、奥地利、加拿大、捷克、丹麦、芬兰、英国、土耳其、瑞士、匈牙利、意大利日本	
联合或单独（可选择）	挪威、西班牙	不允许
	德国、美国、爱尔兰、冰岛、波兰	允许
家庭联合申报	法国、卢森堡、葡萄牙、比利时	允许

数据来源：根据 www.OECD.com 数据整理获得。

那么，在实践中，是否家庭课税在发达国家的过去几十年的税务实践中得到了检验和认可呢，与我们想象的不同，即使大多数税务学者认为以家庭为纳税单位更加凸显了税务公平原则，但是税务实践却向另外一个方向去发展。从1970年以后，OECD 的近 10 个成员国放弃了夫妻联合课税制度，转向对已婚者实行强制性的单独申报或者选择性的单独申报。以个人作为纳税单位替代联合课税成为 OECD 国家的发展趋势，到现在为止，所有的 OECD 国家都采用累进税制，大多数的 OCED 国家都采用以个人作为个人所得税的纳税单位，现在有 17 个 OECD 国家以个人作为纳税单位，7 个国家可以选择个人或者联合作为申报方式，而且这 7 个国家并不都允许收入分劈或者对收入分劈有一定的条件限制，比如比利时，允许收入分劈但仅仅用于夫妇之间收入有巨大的差距时。而如果不允许收入分劈，以家庭课税的好处也就大打折扣。可以看出，主要 OECD 国家仍然是以个人单独申报为主，而且近 20 年来个税发展的趋势也是逐步倾向于以个人申报取代家庭为申报单位。

2. OECD 国家有关家庭课税的经验与教训

首先，以家庭为纳税单位就要判定该纳税人是否已婚。即使以民法作为判定基础，情况也不那么清晰，比如对于已婚但个人已经分居却没有履行离婚手续的情况，各国的处理不尽相同。在美国，这种人被视为已婚个人，而在德国，联合申报仅仅限于共同居住的已婚个人。而且，在一个纳税年度，如果发生了结婚、离婚、分居的状况，也需要予以明确。除此之外，还存在那些互助性的家庭（没有婚姻关系或血缘关系却因为需要互助而生活在一起）甚至同性恋"家庭"，也被纳入西方国家税制公平考虑的范畴，而这些情况的复杂性和迷惑性给以家庭为纳税单位的国家带来巨大的征管成本。

众所周知，以家庭为纳税单位的一个优点是可以达到以家庭为单位的横向公平，即家庭收入相同负担相同税负相同，这里还有一个重要问题，就是以家庭为单位，要考虑被抚养人的生计扣除问题，这在西方各个国家不尽相同。在德国的税法中，家庭所有成员的收入加总到一起，扣除津贴之后的结果便平分为两部分。在法国的所得税中，引进了反映家庭规模的婚姻系数，家庭的所有所得都要除以2或者大于2的数，没有孩子的夫妇以2作为分母，每出生一个孩子这一数额就增长0.5（2个孩子以下时），以后每出生一个孩子就再加上1，累进税率就按照全部所得的分数来确定，它的目的在于给大家庭税收优惠。在香港，对于被抚养的人扣除是定额的，比如（2013—2014年）个人基本可扣除额为120 000港币，结婚可以扣除240 000港币，子女可以享有70 000港币的免税额，在出生年度免税额可以额外增加一倍，此外，供养60岁以上父母不同地方居住的为38 000港币，一同居住的额外增加38 000港币，供养兄弟姐妹每人33 000港币，伤残受养人每人66 000港币。

也即是说，对于被抚养人的免税额的制度确定，是家庭课税不可回避的一个问题，收入份额制度被认为是一种合法的解决婚姻双方财产关系问题的方法（Freedman, Hammond, Masson & Morris, 1987）。要达到公平，必然使得纳税单位与累进税制和边际税率、税前免征和扣除等多种因素相关联，实际情况越复杂，要求税法越要细分不同的状况以示公平。

美国的个人所得税法从1913年开始颁布执行。在1913—1948年的美国，应税单位是个人，居民的婚姻状态并不改变个人应纳税的多少。在这一阶段，州政府通常采取两种不动的制度：一是"共同财产法"，二是"习惯法"。共同财产法允许分割机制，既是说，夫妻双方将收入加总，再进行均分，再进行各自税单填表的缴税流程。而习惯法不允许进行收入分割，由此，在那个阶段不同州的个人所得税税负存在较大的差异。1948年之后，家庭被定位纳税单位，"共同财产法"得到了一致的认可，收入分割机制被作为一项统一的制度引入个人所得税税法，这一项制度明显的增进了公平，但是却改变了婚姻中性，婚姻带来了税收利益被研究者称为"婚姻红利"（Marriage Bonus）。由此，在1951年，美国国会对单身的户主单独设立了一个税率表，以减少对单身者的税收惩罚。1969年，同样在公共压力下，美国颁布《税收改革法案》，将纳税人分为两类不同的情况即已婚个人和单身个人。已婚个人可以选择单独申报也可以选择夫妻联合申报，单身个人分为单身申报与户主申报（无血缘关系和婚姻关系但是因为各种原因比如相互照顾而居住在一起的人们）。这样，在公平要求的推动下，美国个人所得税法变得越发复杂，而且，已婚者会缴纳更多的个税的现象被研究者们称为"婚姻惩罚"（Marriage Penalty）。之后的几十年里,美国学者和政府都在和"婚姻惩罚"及"婚姻红利"做斗争,多次修订税法,希望达到婚姻中性和公平。

我们通过美国 2014 年的税制来说明纳税单位与累进税制的结构和边际税率,以及目前美国国内婚姻惩罚的税务结果。见表 7-3。

表 7-3　　　　　　　　美国 2014 年税率级次表　　　　　单位:美元

税率	单身	已婚,联合申报	已婚,单独申报
10%	1~9 075	1~18 150	1~9 075
15%	9 076~36 900	18 151~73 800	9 076~36 900
25%	36 901~89 350	73 801~148 850	36 901~74 425
28%	89 351~186 350	148 851~226 850	74 426~113 425
33%	186 351~405 100	226 851~405 100	113 426~202 550
35%	405 101~406 750	405 101~457 600	202 551~228 800
39.6%	>406 750	>457 600	>228 800

从美国 2014 年度税法对于个人、已婚单独申报、已婚联合申报的税务政策来看,我们可以得到几个简单的结论:

(1) 在累进税制的低税率阶段(10%,15% 阶段),税法对单身状态和婚姻状态没有扭曲,即是说,不因为婚姻状态改变税收负担,呈现婚姻中性。

(2) 在累进税制的中高等税率阶段(25%,28%,33%,35%,39.6% 阶段),则在某些相同收入的等级范围内,已婚单独申报的税率要高于单身申报的税率,即是说呈现了对婚姻本身征了"婚姻税"。那么对于中高收入者来讲,税制是否会改变人们对婚姻的决策?到目前为止没有充分的统计证据表明税制扭曲了人们对婚姻的选择。但是以家庭为纳税单位的国家均将婚姻中性和税收公平与效率一起并列为个人所得税制度设计的三大因素。

(3) 收入分割给具有收入差距的联合申报的夫妻带来了税收利益,而税收利益的大小实际上是取决于累进税制的结构和边际税率的大小。

从以上分析,我们对于以家庭为纳税单位所需要解决的问题初见端倪,一是对婚姻的认定,二是对家庭收入的认定与收入份额制度,三是更为复杂的累进税制与边际税率设计,四是更为高昂的征管成本和监督体系。除此之外,还涉及年终家庭收入申报制度,与工资收入代扣代缴制度相比,其相关征管要求高得多。

7.2.3 我国纳税单位的现实选择

如何在我国的个人所得税改革过程中去选择纳税单位？家庭征税是否必然优于对个人课征？

首先，个人所得税制度不是收入分配调节的唯一有力手段，且公平目标不太可能完全依赖于个人所得税制度。在实现个人所得税的公平中，除了纳税单位的问题，还有累进税率、税前扣除、通胀带来的税级攀升问题，如果对家庭按照他们的联合收入征税，意味着为了体现公平必须涉及相当复杂和细化的税收制度，以及高辨识能力的税务征管系统。理想税制的设计未必在实践中能有最好的效果，也许以家庭为纳税单位的税收制度已经超越了我国目前的税收征管能力所能负荷的程度，抑或说家庭课税挑战了中国的税务征管能力和信息化水平。反之来说，理想税制背后美国联邦所得税操作复杂征税成本和社会成本耗费巨大的局面是不是我们同样也会付出的代价？对于我国已经很高的税务征管成本来说，真正公平的含义是什么？对已婚者和未婚者享有公平的税收法律地位，同时也简化税制，在个人所得税改革中我们需要更加务实。

其次，大部分学者考虑中国以家庭为纳税单位，希望达到的目标是税收的横向公平和纵向公平，那么，是不是以家庭收入和家庭负担来衡量纳税能力一定要以家庭为课税对象呢？实际上，考虑家庭赡养因素并不非要实行家庭申报制，生计扣除额以家庭人口数来确定可以采用其他方法，比如，日本实行个人申报制，可以进行包括基本扣除、配偶扣除、抚养扣除、老人扣除在内的多项扣除，从而体现生计费用扣除的科学性和合理性①。在具体的管理上，我们可以要求雇员在雇佣申报表上填报被抚养人的有关情况，比如名字、出生日期、居民身份等信息，申报表按照年度上报，以便于审查和对比各个年度的申报情况，减少舞弊现象。只有在审查被抚养人的存在和他们在被抚养的状态下才能够允许雇员按照生计费用标准对被抚养人进行扣除。同样，如果配偶不是被抚养人的话，申报表还应该体现纳税义务人的配偶的纳税人身份号码，以便税务审计可以确认两个人是否就同一被抚养人同时申请扣除。这些措施都可以具体考虑在综合与分类税制的设计体系中，更长远地讲，税务机关应该建立纳税人家庭成员识别系统来进行信息化管理，确保个人所得税征管系统的完整性和可靠性，以便在以个人作为课税对象的情形下体现综合负担能力的原则。

我国综合与分类税课征的税单位同样应该综合考虑几个方面：一是家庭实

---

① 孙钢. 我国个人所得税改革进展："快板"还是"慢板"[J]. 税务研究，2010 (3).

际负担能力，纳税人的婚姻状况，实际赡养人口多少，家庭成员健康状况、年龄大小，对于那些赡养老人和残疾人的家庭，应该给予适当的照顾；二是政策原则，为我国人口素质的提高，对于子女的高中教育和高等教育以及个人继续再教育的费用应该准予一定比例或者限额的扣除，在房价畸高的今天，对于保障生活的基本住房（贷款利息或租金）支出，也可以考虑纳入费用扣除范围。

综上所述，本书的观点是在考虑征管能力情形下，本着简化与公平的原则，仍然选择以个人作为申报对象。在此基础上与税收扣除和累进税制的设计相结合来设计综合与分类税制的税基。

8 个人所得税制度要素的设计
——生计费用的确定

近年来,对于个人所得税生计费用提高是一个全国热议的问题,生计费用作为个人每月的基本生活补偿,可以看作税率级距中零税率的一档。在现阶段物价不断上涨的情况下,人们感觉到财富缩水,也感觉到税率攀升带来的收入下降,所以,生计费用的扣除的科学合理确定对纳税人特别是保障中低收入者生活水平来说,是一个重要的问题。

8.1 生计费用的制度设计是实现收入再分配的基本保障

8.1.1 生计费用扣除额设计的一般理论

对于生计费用扣除标准的原则和依据,2005年个人所得税费用扣除听证会上的估计,以及刘佐等的研究都是以全国城镇居民年人均消费支出为基础,并通过人均赡养负担率予以修正得出。杨斌[①](2006)综述了费用扣除标准的五种观点并进行了辨析。在确定费用扣除标准的研究中,各种观点都有其合理之处,也存在其不完善,这些研究推动了费用扣除标准乃至税制的优化。

国际上,贫困线是个人所得税税收制度确定费用扣除标准的基本参照指标。贫困线的实质是在一定的时间、空间和社会发展条件下,维持人们基本生存所必须消费的物品和服务的最低费用;也是一个国家或者地区认为的,低于这一收入线便难以维持基本生活而制定的社会救济标准。如果免征额低于贫困

---

① 杨斌. 论确定个人所得税工薪所得综合费用扣除标准的原则和方法 [J]. 涉外税务,2006 (1): 9-15.

线，则受政府救济的穷人也纳入了被征税的范围，如果免征额超过贫困线太多，中等收入阶层就被排挤出纳税人行列，这不仅不利于筹集财政收入，也不利于减少贫富差距。免征额与贫困线之间应该有一个恰当的关系，这种关系或许无法给出一个统一的标准，只能视各国的具体情况和历史经验而定。

不过，贫困线在各个国家的制定标准也有所不同，经合组织经研究在 1976 年提出的以一个国家或地区社会平均收入的 50% 作为贫困线的确定标准，这个国际贫困标准被普遍采用。而近年来，世界银行又将每人每日 1.25 美元定义为小康标准的贫困线，我国的贫困线和国家标准有较大的差距，2011 年，中国绝对贫困线标准为人均纯收入 2 300 元。总的说来，发达国家个人所得税的免征额，高出贫困线不多，以美国为例，2008 年美国一个两口之家的贫困线标准为年收入 14 000 美元[1]。免征额（个人豁免加上标准扣除费用）为 17 900 美元（10 900+7 000），免征额是贫困线的 1.28 倍，只略高于贫困线。在我国，2011 年最新扶贫标准是年收入 2 300 元，个人所得税年免征额为 42 000 元，基本不具备任何可比性。这可能是我国贫困线一直过低造成的。所以，笔者尝试参照最低工资标准作为免征额的参考看来不可行。

最低工资是指劳动者在法定工作时间或依法签订的劳动合同约定的工作时间内提供了正常劳动的前提下，用人单位依法应支付的最低劳动报酬。按照国际上通行的做法——社会平均工资法，即月最低工资一般是月平均工资的 40%~60%。

根据四川省人力资源和社会保障厅统计公报[2]，四川省 2013 年平均工资为 41 795 元，即月平均工资为 3 483 元，按照四川省最低工资标准分为四个档次，即 1 000 元、1 070 元、1 140 元、1 200 元。如果按照单个人来计算，现行个人所得税法生计费用扣除标准 3 500 元是最低工资 1 200 元的 2.92 倍，比国际上大多数国家要高。这与目前我国的收入分配呈现出金字塔结构而非橄榄球结构有关。2013 年全国劳动人口赡养比例为 1.89，如果按照一个 2 人标准家庭来算，免征额是最低工资的 5.8 倍，我国个人所得税免征额远远超过最低工资标准，这可能并非是免征额标准低，而仍然是最低工资率过低的问题。所以，贫困线法和最低工资法都不适于我国生计费用的设定。

2013 年我国各主要省（市、区）最低工资标准一类标准见表 8-1。

---

[1] http://www.us8cn.com/? action_viewnews_itemid_3047.html.
[2] http://www.sc.hrss.gov.cn/wenjian/201005/t20100531_25345.html.

表 8-1   2013 年中国各主要省市最低工资标准一类标准

北京	上海	深圳	重庆	天津	福建	湖北	宁夏
1 400	1 450	1 500	1 050	1 310	1 200	1 100	1 100
江苏	山西	山东	云南	四川	黑龙江	河北	湖南
1 320	1 125	1 240	1 100	1 000	1 160	1 320	1 160
陕西	甘肃	安徽	江西	河南	内蒙古	新疆	吉林
1 150	980	1 010	870	1 240	1 200	1 340	1 150

资料来源：各省政府网站。

8.1.2 现行生计费用扣除额的确定依据

个人所得税费用扣除在个人所得税的设计相当于零税率的一档，是税法当中一项关乎国计民生的重要组成部分，但该制度设计自 1994 年以来，只在近年调整过两次，而居民的收入水平和物价变化迅速。由于市场化改革的深化，住房制度、医疗制度、社会保障制度、教育制度等多项改革措施齐头并进，使得目前我国个人所得税费用扣除制度与经济社会的发展情况非常不适应，全国费用扣除一刀切定在 3 500 元的状况，引发的税负不公的问题日渐突出。因此，如何科学设定我国个人所得税费用扣除标准，使其能够量能赋税，区分每个家庭不同的阶段为维持基本生活和发展支出的费用是一个非常重要而紧迫的课题。

我国现在月免征额的确定，是以居民生活八大支出（包括食品、衣服、居住、家庭设备用品及服务、医疗保健、交通通信、教育文化娱乐服务、杂项商品与服务）为基础。以城市中等偏上家庭的消费支出为依据。2012 年城市中等偏上收入家庭的人均消费支出 19 830 元，同样按一个就业者赡养 2 人（包括就业者本人）计算，月生计扣除额可定为 3 300 元，月平以此看来，理论上讲目前课税范围针对城市中等收入以上家庭。

2012 年我国人均现金消费支出（七分法下）情况见表 8-2。

表 8-2   七分法下的我国 2012 年人均现金消费支出

	人均消费支出(元)	赡养人口(个)	月生计费用(元)
最低收入户	7 301.37	2	1 216.90
困难户	6 366.78	2	1 061.13

表8-2(续)

	人均消费支出(元)	赡养人口(个)	月生计费用(元)
较低收入户	9 610.41	2	1 601.74
中等偏下户	12 280.83	2	2 046.81
中等收入户	15 719.94	2	2 619.99
中等偏上户	19 830.17	2	3 305.03
较高收入户	25 796.93	2	4 299.49
最高收入户	37 661.68	2	6 276.95

注：(1) 根据《中国统计年鉴》(2013)计算所得，赡养人口全国平均数为1.92，本书取整数2为人口赡养数（含就业者本人）。

(2) 月生计费用=（年人均消费支出×赡养人口数）/12。

8.2 OECD国家的生计费用扣除的经验研究

8.2.1 OECD国家生计费用扣除的一般性制度设计

OECD国家就世界范围内的个税而言，费用扣除的具体做法各国差异较大。OECD国家个人所得税制度中都有费用扣除规定，就其费用性质而言，一般可分为两部分：

(1) 个人宽免。其作用是补偿劳动者的基本消耗。个人宽免适用于每个纳税人，不管是富人还是一般收入者，固定地将一定量的收入排除于征税范围，有助于累进的税制结构的形成，且将众多的低收入者直接排除在征税范围，其作用相当于零税率的一档。所以，处于便利考虑，宽免额的多少代表零税率档次的幅度。不仅如此，一些国家对老人、残疾人和外国人还有附加宽免扣除的规定，而非给予税收优惠待遇。还有一些特殊抵免，鼓励某种社会行为，比如慈善活动等，很多国家拥有特殊宽免政策，在满足某些特殊条件时给予减免。当然如果特殊抵免偏多，会导致税收征管成本的上升。

(2) 成本、费用扣除。其作用是补偿个人为了取得所得而花费的成本或者代价，即是维持纳税人家庭成员的生计费用。按照个人所得税的一般原理，生计扣除的含义是从应税收入中减除没有纳税能力的部分，但属于获取应税收入所必需的开支，包括依据纳税人家庭结构的赡养人数、住房贷款利息、意外事故损失、医疗费用、特定的杂项费用、教育费用等。多数国家规定生活的费用可以扣除,但对某些开支限定了扣除数额或者比例,超过的部分不允许扣除。有些国家视不同年龄、是否有在受教育的子女而规定不同标准的扣除额。对于被赡养的其他人口,也会给予固定的扣除额。购买住房的贷款利息、子女和其他被赡养人的相关保险也可以扣除①。

鉴于我国地区差距与收入差距的具体情况,笔者比较主张基本宽免与分项扣除的方法。对于如何确定个人所得税的基本宽免,我们首先来看看其他国家的情况。见图8-1。

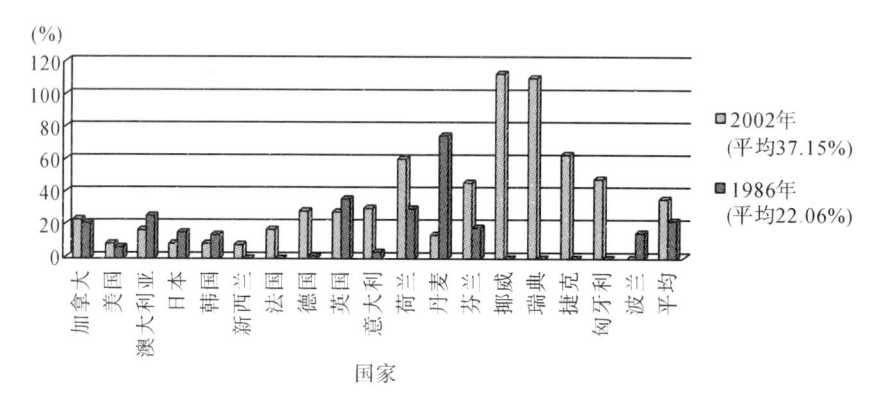

图8-1 部分OECD国家个人所得税的基本宽免占人均收入百分比

从图8-1中我们可以看出个人所得税的宽免水平在10年间的变化,这些国家基本宽免从人均收入的约22%上升到约37%,除了亚洲国家总体水平是下降的,其他国家基本持平和上涨,基本宽免的提高将导致累进程度的增加。

而中国2012年城镇人均收入为26 959元,人均赡养人口为1.9人(约计2人),由于我国除了符合条件的捐赠以外没有其他费用扣除,且也仅有基本免征额,没有标准扣除额或分项扣除额,所以基本宽免是绝大多数纳税人的全部扣除额。这一方法看起来简便,比例非常高,但是最大的问题仍然是收入差距下的公平而言,在我国这样一个以商品税为主体税种的国家,由于税收收入的60%是由商品劳务税贡献的,也就是说居民税后收入的日常消费(包括所有必需的消费)被转嫁了大量的流转税,再考虑到初次分配中个人分配占比较低,所以笔者认为在个人所得税制度设计时,应该对中等收入者、中下收入者、低收入者和最低收入者人群进行较为宽厚的宽免,仅对中上收入者、高收入者和最高收入者征税。

---

① 刘佐,李本贵.个人所得税税前扣除的国际比较[J].涉外税务,2005(8).

8.2.2 美国个税的费用扣除的具体制度设计

美国实行典型的综合征收制，其个税应纳税额的计算遵循标准程序。此外，美国1981年颁布的《经济复兴法案》规定，从1985年起，个人宽免、标准扣除数额，根据每年的物价上涨指数进行调整，也就是开始实行税收指数化。

美国个税中的费用类扣除可分为两个部分：

第一部分就是"计算调整后毛所得（Adjusted Gross Income，AGI）"，其对收入规定非常宽泛，包括但不限于以下15项。①个人劳务报酬，包括工资，薪金和小费。②从事经营活动取得的毛所得。③处置财产的所得。④利息。⑤租金。⑥特许权使用费。⑦股息。⑧赡养费和分居抚养费。⑨年金。⑩来源于人寿保险和捐赠的所得。⑪养老金。⑫因豁免债务而获得的所得。⑬合伙企业分成的经营利润。⑭与死者有关的所得。⑮来源于地产或者信托权益的所得。

国内收入法典明文规定不予计入毛所得的项目（类似于中国的免税所得）有7项。①根据人寿保险合同，因死亡、患有不治之症，或者慢性病获得的收入。②获得的礼物和遗产。③州以及地方政府的债券利息。④纳税人因遭受到人身伤害或者疾病获得的赔偿金。⑤某些符合条件的奖学金和雇主支付的学费。⑥小额福利。⑦由雇主负担的5万美元以下的团体人寿保险。

扣除项目的有关规定，在调整AGI时可以扣除的成本费用包括：①纳税人从事贸易或经营活动的经营费用。②出售财产发生的损失。③支付的租金和特许权使用费。④教育贷款的利息支出。⑤支付的抚养费或者赡养费。⑥为退休计划而支付的某些投入款项。

扣除后即得到调整后的毛所得（AGI）。

第二部分是"从毛所得中税前扣除的项目"。

首先减去个人免税额，2008年的免税额是3 500美元，除了扣除纳税人本人的免征额以外，还按照其供养人口的数目计算免征额。

其次是费用扣除，可选择分项扣除也可选择标准扣除。纳税人可以自行选择一种有利于自己的方式进行扣除。标准扣除包括基本扣除和附加扣除。2008年单身申报的标准扣除额为5 450美元，夫妻联合申报即为5 450×2 = 10 900美元。附加扣除的基数为1 050美元，盲人和残疾人士还可以享受附加扣除。

而分项扣除会比标准扣除更加复杂一些，包括①超过调整后毛所得7.5%的为报销医疗费用。因为大笔的医疗开支属于个人的非自主性开支。②州和地方的个人所得税和财产税。③购买住宅的贷款利息支出（只限两套住宅）。

④符合条件的慈善捐助支出。⑤保险公司不赔付的家庭财产以外损失超过调整后毛所得10%的部分。⑥个人职业发展费用,未报销的销售人员的花费超过调整后毛所得2%的部分。

第一步, 　全部所得-不予计列收入
　　　　　　=应税所得-允许扣除的项目
　　　　　　=AGI
第二步, 　AGI-免税额
　　　　　　=应税所得额×适用税率-税收抵免
　　　　　　=应纳税额

在英国个人所得税实行分类所得税制。根据收入来源性质征收,在计算应税所得时先税前扣除规定的费用,得出各类收入所得,再从中减除生计费用、扣除额后即为应税所得。生计费用扣除与个人的基本生活有关,主要包括单人扣除、已婚扣除、赡养亲属扣除、人寿保险扣除、老年退休金扣除等。英国从1982年开始,按前一纳税年度的零售物价指数,自动调整主要免税项目的数额。

德国个人所得税税率采累进税率,个人所得税在综合总收入的基础上,给予各种项目收入扣除额,综合总收入与收入扣除额形成的征税基数,再通过起征点(免税额)按五级累进制征收个人所得税。德国政府对不同家庭情况采取不同的个人所得税起征点,且起征点每年进行调整。以2010年为例,德国针对个人的起征点设定在年收入8 004欧元,超过部分收取累进税,税率从14%~42%。家庭个税起征点为16 008欧元。税率保持不变①。

8.2.3　中国周边国家的生计费用扣除制度设计

日本个人所得税是按年核算,实行分类综合相结合的税制,并按照必要经费扣除、工薪所得扣除、特别扣除和所得扣除这四类进行税前扣除。在基本生活必要扣除上,日本政府对中低收入阶层予以照顾,对于年收入在180万日元以下的纳税人,扣除率达40%以上,而年收入在1 000万日元以上的高收入者,扣除率仅为5%,收入越高,扣除率就越低,呈现累退性。

马来西亚与中国比较类似,主要分为对工薪所得的扣除项目及对其他类型所得的扣除项目。其中,工薪所得的扣除都是有限的,仅限于一些基本的生活开支。至于泰国则与日韩近似,比如泰国对雇佣所得,纳税人可选择标准扣除

---

① 资料来源:http://wapedia.mobi/de/Eingangssteuersatz。

也可选择分项扣除，个人宽免项目对纳税人的具体情况区分为未/已婚，有/无子女，子女是否受教育等情况分别进行确定。

澳大利亚税法个税执行的是综合税制，将纳税人在一定期间（一年）各种不同来源的收入或是收益综合起来，减去法定减免和扣除额后，就其余额按五级累进税率计征个人所得税。每级税率随经济情况不同每年进行调整。其调整参考标准为 GDP 和 CPI。此外，澳大利亚还有老龄税收抵免、不发达地区税收抵免和海外服役税收抵免等政策，通过这些政策给予生活负担重、自身经济状况不佳的纳税人优惠，以体现税收的公平性。

通过税收扣除标准和宽免额的差异对比，我们可以看出发达国家的扣除标准有两个显著的特点，其一是政府制定扣除标准时充分考虑了个人实际情况，针对低收入者和老人等特殊群体，制定相应的措施，体现了公平原则。其二，发达国家税收扣除额大多实现了税收指数化，根据每年 GDP 或 CPI 指数的涨落，自行调整每年的免征额和纳税档次，以防止通货膨胀将纳税人推入更高的税率档次。

8.3 引入通货膨胀指数以增强税制设计的公平性

一般而言，人们对通货膨胀带来的税收扭曲较为不满，通货膨胀使得所得税负担在税法不变的情况下也能提高。典型的现象一是税率攀升，二是财富幻觉中的重税负担。即使说在一定时期内，个人收入所得和物价水平都同等提升一个比例，那么个人的实际所得或者说实际购买力并没有产生变化，但是却因为名义收入增长被推入了个人所得税累进税率表的更高税率档次，最终使得税后收益变小，实际购买力下降。所谓财务幻觉中的重税负担，我们可以这样来说明，假设不动产的价格在三年内翻了一倍，物价水平也翻了一倍，该投资者的实际收益为 0，而财产转让收入按照税法需要缴纳 20% 的个人所得税，所以，通货膨胀带来的财富幻觉产生相应的税务。

对于美国个人所得税税法而言，1981 年引入了一项立法对税收中的特定部分予以指数化，对于个人免征额、标准扣除额、纳税档次的级距以及劳动所得税收抵免都实行了指数化。即是说，实行个人所得税与消费物价指数（CPI）的联动机制，这对纳税人特别是低收入纳税人来讲，是一个好消息。但是在资本利得方面，并未采取指数化的措施。实行这种联动机制的好处是能够避免税法频繁变动的同时，保证费用扣除额适应经济周期的快速变化和物价水平的变动而得以及时的调整，确保国家征税权与纳税人生存权之间的有效平衡。加拿大、澳大利亚、法国、英国等很多国家都建立了个人所得税的物价调整机制。

来看我国的情况。从1994年个人所得税法建立到现在，我国仅调整了三次免征额，一次是在2005年，国家通过听证程序，首次将沿用了11年的工资薪金所得生计费用免除标准从800元调整到1 600元，2007年调整到2 000元，2011年调整到3 500元。三次工薪所得免征额的调整直接降低了税收负担，部分抵消了通货膨胀带来的影响。但是，很多税务专家和纳税人都不认同这种税制改革思路，不确定的调整时间以及不确定的调整额度，不符合科学管理和动态管理的原则，20年来的三次调整都只是部分和短暂地抵消通货膨胀的影响，很难让人们信服税收制度的公平和合理。不过，从另一个方面来讲，如果立法者对税法的修改过于频繁，也会破坏税法的权威性和稳定性，当经济发展不平稳或者说通货膨胀发生时（如表8-3和表8-4所示历史和当前的情况），立法者往往要经过复杂的程序和很长的时间才能进行立法修改，导致税法的滞后性突出，人们的基本生活水平无法得到保障。我国物价指数也应该在税制设计中得到反映。

表8-3　　　　　　　中国GDP增长水平与物价指数

年度	2001	2002	2003	2004	2005	2006	2007	2008	2009	2010	2011	2012	2013
GDP	8.3	9.1	10	10.1	11.3	12.7	14.2	9.6	9.2	10.4	9.3	7.7	7.7
物价指数	-0.7	-0.8	1.2	3.9	1.8	1.5	4.8	5.9	-0.7	3.3	5.4	2.6	2.6

数据来源：《中国统计年鉴》（2014）。

表8-4　　　　　2013年1~12月CPI总水平以及食品水平状况

月份	1	2	3	4	5	6	7	8	9	10	11	12
CPI（总水平）	2.5	2.0	2.4	1.8	2.5	2.3	2.3	2.0	1.6	1.6	1.4	1.5
CPI（食品）	3.7	2.7	4.1	2.3	4.1	3.7	3.6	3.0	2.3	2.5	2.3	2.9

数据来源：中国国家统计局网站，http://www.stats.gov.cn/tjsj/.

8.4　我国生计费用扣除制度设计的实证研究

目前来看国内学者对于基本宽免额依据的讨论尚未有定论。杨斌（2006）

在《论确定个人所得税工薪所得综合费用扣除标准的原则和方法》一文中对比了5类具有代表性的扣除标准，并分析了各自的利弊。汤贡亮、陈守中（2005）也从基数分析法和因素分析法两个层面测算了费用扣除额标准。参考成都市居民调查问卷的结论以及所表达的意愿，本书在杨斌（2006）的基础上，采用调整后的城镇居民年人均消费支出作为基本宽免额的依据。城镇居民年人均消费支出包括衣、食、住房、交通、子女抚养、老人赡养等日常生活支出。其中有部分项目如文化娱乐服务、家政服务并不是居民必需的基本消费支出，医疗保健支出因个人体质差异在不同人之间存在较大差异，这些因素都影响了人们年人均消费金额的确定。所以本书没有将文化娱乐服务、家政服务和医疗保健支出纳入基本宽免额范围。同时考虑到国外对于税收扣除额大多实现了税收指数化，因此本书也将引入居民消费价格指数 CPI 作为影响因素纳入模型。

附加宽免额的确定，目前学术界并未有一个统一的界定，发达国家对这部分认定也存在较大出入。笔者认为：对于人们日常生活中所必需的，但是对不同人进行测算时又存在较大差异的项目应当纳入附加宽免额的范畴。而在中国，个人医疗保健、文化娱乐服务、家政服务等项目在个体之间的差异较大，无法用一个统一的标准进行衡量，特别是医疗保健具有非自主开支的特征。此外，考虑到个人唯一一套住房属于基本消费品，贷款利息（租金）占居民日常支出比重较大，给居民带来了较大的负担，对于住房贷款利息（租金）可以考虑进行一定的税收减免，比如限额扣除等。住房公积金制度由于是根据个人工资总额制度比例计算的，所以不具备收入分配功能，甚至在一定程度上具有累退性，本书主张应逐步考虑通过个人所得税住房贷税前扣除办法给予替代、优化。在成都市收入分配与个人所得税改革的调查问卷中，在被问到对个税改革的期许时，排在前三位的分别是：扣除房贷贷款利息、扣除医疗未报销部分和降低税率。这三项均反映了纳税人的生存需求，住房、医疗、教育乃生存和发展之必需支出，此外，扣除子女学费和增加每月生计扣除额也为高频选项。本书建议在实际操作中对这些项目进行特别的附加扣除考虑。

由于我国 CPI 指数不包含房地产价格指数（八大类中的第八类居住类价格，主要包括水、电、燃料价格，建房及装修材料价格，住房租金），因此本书将物价指数和房地产价格指数引入居民生计成本的研究，主要考虑两指数影响下的各省市之间生计成本差异性研究。本书将个人医疗保健、教育、个人住房贷款和利息作为附加扣除的依据，重点考虑住房贷款利息（租金）与住房价格指数之间的异质性，对于医疗保健、教育等附加扣除项，既可以考虑按比例扣除，也可以考虑据实扣除。本书不做详述。

基于前文描述，我们界定以下基本公式：

1. 对于工薪劳动所得

费用扣除标准=基本宽免额+附加分类宽免额（A）

基本宽免额=城镇居民年人均消费支出-家政服务-医疗保健-文化服务（B）

考虑到有赡养老人和养育子女的义务，

基本宽免额=个人基本宽免额×就业者负担人数（C）

对于房贷还款利息（租金），考虑为全国人均住房面积×家庭人口为总面积的贷款利息来扣除（租金以利息值作替代考虑），

附加分类宽免额=个人医疗未报销费用+全国人均文化服务费用+可扣除住房面积的贷款利息（D）

对于附加扣除，考虑分为附加分项扣除和简易扣除。

（1）分项扣除

附加宽免额分项扣除包括三项。一是医疗费用扣除。对这部分扣除有两种不同的观点，一种观点认为，个人和单位配套缴纳的社会统筹医疗保险金已经在税前给予了扣除，其目的就是用于纳税人医疗支出，若对此再行扣除，存在重复扣除问题。另一种观点认为，现在大病出现的概率在增长，仅靠自己和单位缴纳的保险金不足以解决纳税人自生的大病费用问题，更何况可能还有未能被社保医疗保险覆盖的家庭成员，比如家里的小孩和老人，还有的常见的情况是病人用药情况复杂，社保目前无法覆盖某些国产药和进口药（又是治疗必须使用的，目前属于自费药品）。随着我国步入老龄社会，赡养老人医疗支出明显增多，重大疾病支出、不可抗力意外医疗支出费用较高，这个问题会越来越严重。我们建议，由于医疗保险只解决纳税人医疗费用的一部分，可允许对未报销医疗费用按一定比例扣除或限额扣除。二是住房利息扣除。由于全国各地房价较高，很多个人支付本息较为困难。现实情况是，城市新生代的住房大多由父辈解决，但中国城镇化进程是一个长期的过程，城市化率的提升还有较大空间，仍然存在大量进城务工人员和农村转移人员，对住房需求仍显刚性。因此，对纳税人购买首套在国家规定标准面积内的普通住房，其贷款利息可以扣除，无住房家庭的房租可以限额扣除或参照房贷利息标准扣除。三是教育支出扣除。现在，家庭对孩子在教育上的不菲投入是一个不争的事实。为提高人口素质，纳税人对于子女基础教育（包括小学、初中和高中阶段）的投入，可凭有效票据按一定比例扣除或者限额扣除。

（2）简易扣除

对附加扣除中的医疗费用支出、住房利息支出、教育支出三项，纳税人不能提供合法有效凭据的则按简易扣除，简易扣除是指制定全国标准可扣除额，纳税人有凭据但为了方便也可以选择简易扣除。简易扣除标准应由国家授权的部门（如省级财政、税务部门）根据三项费用支出情况确定并随经济社会发展进行调整。附加分项简易扣除是附加分项扣除的指标化，纳税人根据实际情况只能选择其一。

对于社会保险费扣除，在国家实行社保费改革前，按照国家标准计算并缴纳养老保险、失业保险、医疗保险、工伤保险、生育保险可以扣除。企业年金和职业年金属于补充养老保险范畴，应当予以扣除。目前我国采用的比例扣除法形成了较为有效的社会基础，可继续沿用。对于住房公积金，为避免重复扣除，在个人所得税税法执行住房贷款利息扣除后，住房公积金制度可以取消。

因此，劳动薪酬的费用扣除包括社会保障费的扣除得到毛所得，毛所得减去基本生计费用扣除、附加分项扣除得到应纳税所得。

2. 生产经营的费用扣除

生产经营的费用扣除包括与生产经营有关的成本、费用、损失、税金等，还应包括投资者本人的费用标准扣除。

3. 自由职业者的费用扣除

自由职业者的费用扣除包括与取得收入有关且真实、合理的支出等，还应包括本人的费用扣除标准。

现实生活中确有真实发生但无有效票据的情况，对于此类情况应当实事求是给予考虑，其费用扣除以不超过收入总额的40%为宜。

上述基本考虑框架建立之后，由于消费物价和房价是影响城镇居民人均消费支出的重要因素，我们采用定基的消费者物价指数和定基的房地产价格指数作为影响因素①。

本书选取全国30个省（市、自治区）②，由于房地产价格指数2000年起开始公布，因此本书数据采用2000—2009年《中国统计年鉴》数据，消费价格指数和房地产价格指数均以1999年为基期，以后各年在此基础上进行调整。由于年鉴公布的是全国35个省（市、区）的房地产价格指数，对于公布两个城市的房地产价格指数的省，我们用同省两个城市的均值代替。另外，本书假

---

① 定基消费价格指数=（报告期消费物价指数/基期消费物价指数）×100%，以1999年为基年，对其进行定基调整。

② 考虑到数据的完整性和可得性，本书剔除了西藏自治区的数据。

定居民每年按照统计年鉴公布的各省（市、区）房屋销售平均价格和人均住房面积进行买房，买房时采用20%的首付，80%的银行贷款，贷款年限设定为20年，利率按照每年一个统一利率①进行利息计算，对于当年进行利率调整的，取利率变动的均值作为当年的利率值。

按照上述假定，我们采用汤贡亮、陈守中（2005）的计算方法测算出人均月房贷还款金额，详见表8-5。

表8-5　　　　　全国各省（市、区）人均房月还款额　　　　单位：元

年份	2000	2002	2005	2007	2008
北京	289.52	303.83	510.04	1 040.44	1 120.32
天津	137.02	158.61	304.66	523.33	542.66
河北	85.23	115.50	139.91	232.86	250.71
山西	65.80	139.73	166.05	202.59	212.46
内蒙古	66.86	95.54	124.22	202.31	224.01
辽宁	122.19	174.62	210.20	314.31	339.04
吉林	82.87	154.40	141.87	207.35	226.18
黑龙江	102.35	148.98	157.72	222.56	255.50
上海	209.83	263.65	514.09	752.96	739.33
江苏	96.70	186.42	252.37	362.42	365.29
浙江	114.60	224.87	321.58	521.07	564.94
安徽	69.04	111.80	166.82	239.94	266.05
福建	122.66	156.31	237.56	421.85	395.51
江西	55.86	107.65	114.86	186.59	192.70
山东	83.99	133.99	182.22	261.54	267.95
河南	74.16	129.27	140.28	202.93	211.02
湖北	80.52	122.96	170.05	274.95	270.74
湖南	63.51	114.92	122.08	201.11	207.68
广东	189.99	267.86	333.81	532.62	537.07
广西	85.34	151.28	151.30	228.62	254.96
海南	116.54	135.14	219.74	374.78	491.05
重庆	79.52	99.24	160.42	245.19	251.26
四川	78.87	125.96	146.18	255.80	284.82
贵州	74.69	104.78	120.71	192.43	211.02

---

① 数据来源于中国人民银行网站。

表8-5(续)

年份	2000	2002	2005	2007	2008
云南	102.35	145.15	162.67	221.09	241.78
陕西	73.75	130.23	154.75	236.13	266.32
甘肃	76.63	104.78	145.48	197.27	176.65
青海	72.87	93.37	137.67	208.12	221.94
宁夏	79.58	140.75	167.96	192.38	219.68
新疆	83.81	147.64	135.08	187.42	202.09

注：住房月还款金额是根据人均贷款额、贷款期限利率用PMT函数计算得到的，其中人均贷款额=人均住宅支出×80%，人均住宅支出=各省城镇住房均价×全国人均住房面积。这两个指标在统计年鉴中可以查到，2007，2008年的全国人均住房面积由前几年住房面积通过指数平滑测算得出。住房年还款金额=住房月还款金额×12。

不同省之间基本宽免额存在较大的差异（见图8-2），地区之间的异质性较为明显。北京、上海、浙江、广州等沿海地区的基本消费较大，而东北老工业基地和西部地区的基本消费水平较低，以2008年为例，基本消费最高的地区（上海）与基本消费最低的地区（青海）之间相差1 691.24元。这一点在人均房贷还款额中更能得到体现（见图8-3），北京、上海、广州、浙江等地区的房价较高，人均房贷还款额较高，而东北、西部地区人均房贷还款压力相对较小。2008年房贷还款最高地区（北京）与最低地区（甘肃）之间相差943.68元。

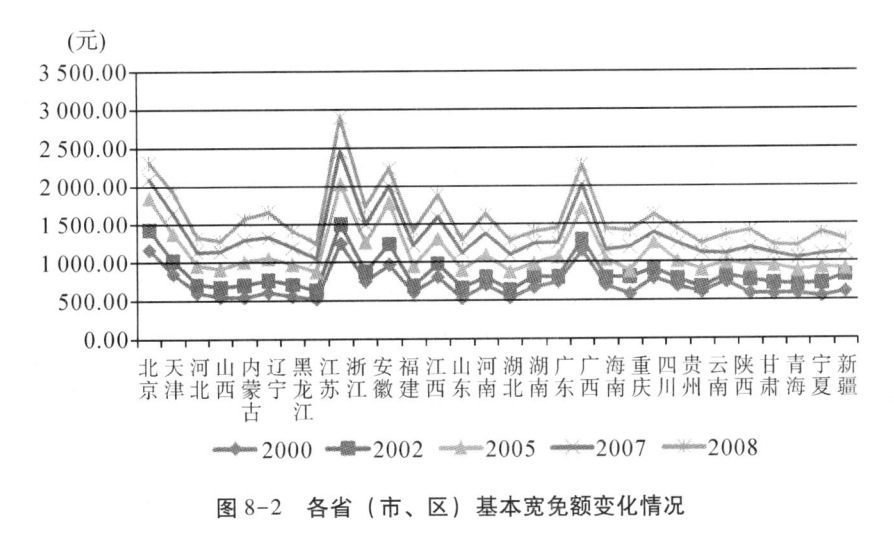

图8-2 各省（市、区）基本宽免额变化情况

数据来源：《中国统计年鉴》（2000—2009）整理。

(元)
1 200.00
1 000.00
800.00
600.00
400.00
200.00
0.00

北京 天津 河北 山西 内蒙古 辽宁 黑龙江 江苏 浙江 安徽 福建 江西 山东 河南 湖北 湖南 广东 广西 海南 重庆 四川 贵州 云南 陕西 甘肃 青海 宁夏 新疆

◆─2000 ■─2002 ▲─2005 ×─2007 ✱─2008

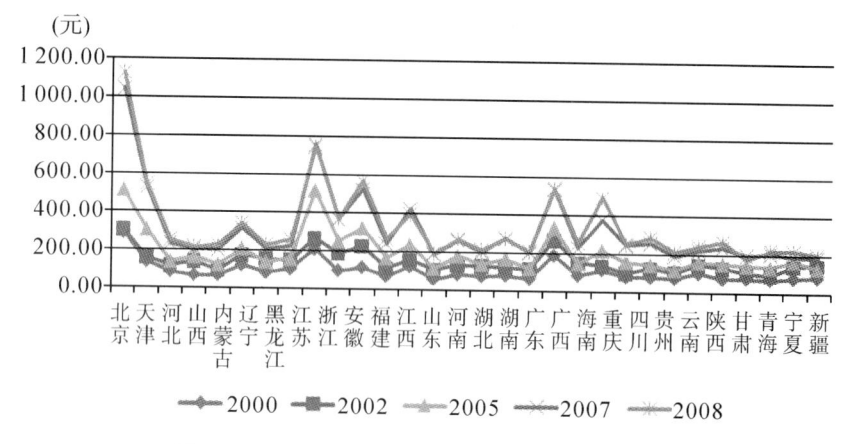

图 8-3　各省（市、区）人均年还款额变化情况

数据来源：根据《中国统计年鉴》（2000—2009）整理。

为了体现消费者价格指数和房地产价格指数对基本宽免额和房贷总额的影响，本书采用 2000—2009 年 30 个省（市、区）的面板数据进行建模。

（1）基本宽免额与消费价格指数的联动关系

本书考察的是不同地区基本宽免额之间的差异情况，因此采用的被解释变量是各省测算出的人均基本宽免额，解释变量是以 1999 年定基的各省城镇居民消费物价指数。我们的基本计量方程设定为单向（One-way）的形式：

$$y_{it} = \alpha + \lambda_i + x_{it}\beta_i + \varepsilon_{it} \tag{1}$$

其中下标 i 表示省份；t 表示时间；λ_i 表示不可观测的地区效应，目的在于区分不同省（市、区）之间的差异；ε_{it} 是随机扰动项，服从独立同分布；y_{it} 是第 i 省 t 年测算的人均基本宽免额；x_{it} 是第 i 省 t 年定基的城镇居民消费物价指数。

对模型进行基本假设检验，其结果见表 8-6。

表 8-6　　　　　　　　模型基本假设检验

检验类别	原假设	检验统计量	结果	接受 & 拒绝
异方差检验	模型不存在异方差	Bartlett 卡方统计量	60.21（42.56）	拒绝
自相关检验	模型不存在自相关	Fish 正态统计量①	15.89（1.96）	拒绝

注：括号内的是 5% 显著性水平的临界值，下同。

---

① Fish 正态统计量为 $z = \dfrac{NT-N-K}{2} \cdot \ln \dfrac{1+r}{1-r} \sim N(0,1)$。

在建立模型之前，我们首先对模型的基本假设进行检验。由表8-6我们可以看出数据存在异方差和自相关，不能直接进行回归得到结果，因此本书采用Arellano提出的稳健标准误进行修正，以减小异方差对模型效果的影响，接下来我们在模型（1）的基础上对模型的具体形式进行设定检验（见表8-7）。

表8-7　　　　　　　　宽免额模型形式设定检验

检验类别	原假设	检验统计量	结果	接受or拒绝
1. Pool模型or非Pool模型（变截距）	模型是Pool模型	F统计量	46.35（1.51）	拒绝
2. 变斜率模型or不变斜率模型	模型是不变斜率模型	F统计量	13.24（1.52）	拒绝
3. 变截距模型or不变截距模型	模型是不变截距模型	F统计量	9.86（1.52）	拒绝

由检验1可以看出，其检验统计量大于临界值，所以拒绝模型是Pool模型［即省（市、区）之间不存在差异同时CPI对各省（市、区）影响相同］的假设。同理，由检验2可知拒绝模型是不变斜率模型［即各省（市、区）之间存在差异同时CPI对各省（市、区）影响相同］的假设。由假设3可知拒绝模型是不变截距模型［即各省（市、区）之间不存在差异同时CPI对各省（市、区）影响不相同］的假设。由于我们所选定的30个省（市、区）是确定的，通过模型设定检验最后选取变斜率、变截距固定效应回归模型。其回归估计参数见表8-8。

表8-8　　　　　　　　模型回归参数结果

省（市、区）	斜率系数	省（市、区）	斜率系数	省（市、区）	斜率系数
北　京	41.43 (8.13)***	浙　江	32.38 (4.72)***	海　南	18.03 (2.08)***
天　津	28.56 (2.60)***	安　徽	18.22 (1.43)***	重　庆	19.96 (2.24)***
河　北	15.52 (1.24)***	福　建	25.83 (2.17)***	四　川	14.16 (0.29)***
山　西	14.65 (2.04)***	江　西	18.61 (2.01)***	贵　州	13.46 (1.77)***
内蒙古	22.23 (1.18)***	山　东	23.57 (1.28)***	云　南	11.43 (0.74)***

表8-8(续)

省（市、区）	斜率系数	省（市、区）	斜率系数	省（市、区）	斜率系数
辽 宁	26.06 (1.81)***	河 南	14.19 (0.90)***	陕 西	18.52 (1.88)***
吉 林	19.93 (1.44)***	湖 北	13.57 (1.11)***	甘 肃	12.48 (2.12)***
黑龙江	16.48 (1.38)***	湖 南	13.39 (0.70)***	青 海	9.40 (0.96)***
上 海	52.82 (6.63)***	广 东	30.88 (3.55)***	宁 夏	14.85 (1.16)***
江 苏	23.87 (2.05)***	广 西	12.98 (0.60)***	新 疆	14.25 (1.82)***

注：括号内数字表示斜率系数的标准差，*** 表示在0.1%的显著性水平下显著。

从表8-8可知，不同省（市、区）之间，消费者价格指数影响程度具有较大差异，图8-4中可以看出北京、上海、浙江、广东这四个地区，消费价格指数每增加1个单位，每月其基本宽免额就分别增加41.43元、52.82元、32.38元和30.88元，而在中国中、西部的大多数地区，如湖北、四川、云南、贵州、陕西、青海、甘肃等地，消费价格指数每增加1个单位，基本宽免额增加额不超过20元。

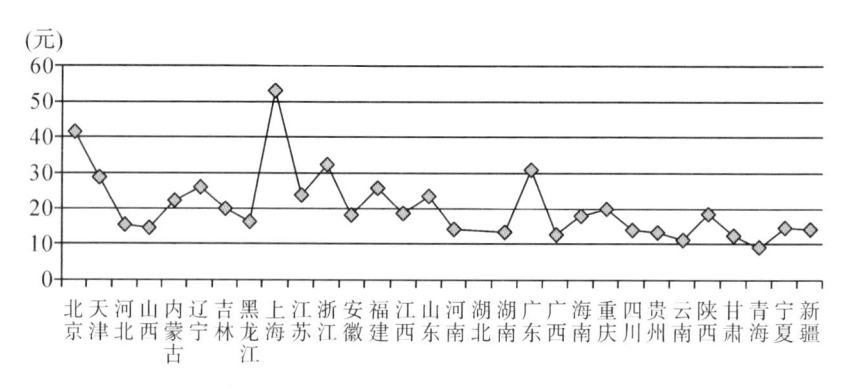

图8-4 不同省（市、区）消费价格指数变动对基本宽免额的影响

（2）基本人均房贷月还款额与房地产价格指数的联动关系

我们再考察附加宽免额中的人均房贷月还款额与房地产价格指数在各省（市、区）之间存在怎样的联动关系。选取的被解释变量是前文测算出的人均月贷还款额，解释变量是以1999年定基的各省（市、区）城镇居民房地产价格指数。我们的基本计量方程设定和下标的解释同模型（1）。

由检验 1 可以看出，其检验统计量大于临界值，所以拒绝模型是 Pool 模型〔即各省（市、区）之间不存在差异同时 CPI 对各省（市、区）影响相同〕的假设。同理，由检验 2 可知拒绝模型是不变斜率模型〔即各省（市、区）之间存在差异同时 CPI 对各省（市、区）影响相同〕的假设。由假设 3 可知拒绝模型是不变截距模型〔即各省（市、区）之间不存在差异同时 CPI 对各省（市、区）影响不相同〕的假设。由于我们所选定的 30 个省（市、区）是确定的，通过模型设定检验我们最后选取变斜率、变截距固定效应回归模型。其回归估计参数见表 8-8。

我们对模型基本假定进行检验，得到的数据具有异方差和自相关，我们同样采取上面思路进行修正。然后对模型具体形式进行设定检验（见表 8-9）。由于我们所选定的 30 个省（市、区）是确定的，因此选用变斜率固定效应回归模型。

表 8-9　　　　　　　　　模型设定检验

检验类别	原假设	检验统计量	结果	接受 or 拒绝
1. Pool 模型 or 非 Pool 模型（变截距）	模型是 Pool 模型	F 统计量	20.90（1.51）	拒绝
2. 变斜率模型 or 不变斜率模型	模型是不变斜率模型	F 统计量	25.31（1.52）	拒绝
3. 变截距模型 or 不变截距模型	模型是不变截距模型	F 统计量	13.79（1.52）	拒绝

从表 8-10、8-11 来看，北京、天津、吉林、上海、浙江、安徽、福建、海南、广东等地近年来房价上涨相对较快，房地产价格指数每增加一个单位，该地区人均房贷月供将增加 6 元~18 元，而房价上涨相对较慢的省（市、区）房地产价格指数每增加一个单位，人均房贷月供增加一般在 6 元以下[①]。我们可以看出北京、天津、福建、吉林不仅增加额较大，同时各省内，房地产价格指数影响的差异也较大。其标准差一般在 1 以上。而天津、浙江、海南的增加值相对较大，但其标准差相对较小，说明省内影响差异不大。相对于新疆、安徽、贵州等地，它们省（市、区）内的差异较大。

---

① 这里人均每月月供是按照统计年鉴中公布的各省（市、区）房屋销售均价和人均住房面积统计。

表 8-10　　　　　　　　　　模型回归参数结果

省（市、区）	斜率系数	省（市、区）	斜率系数	省（市、区）	斜率系数
北京	17.56 (1.56)***	浙江	5.53 (0.45)***	海南	8.63 (0.62)***
天津	7.42 (0.48)***	安徽	5.87 (0.72)***	重庆	3.35 (0.24)***
河北	4.48 (0.32)***	福建	9.57 (0.96)***	四川	3.58 (0.44)***
山西	2.94 (0.85)***	江西	1.69 (0.22)***	贵州	5.08 (0.72)***
内蒙古	2.79 (0.31)***	山东	3.40 (0.35)***	云南	4.83 (0.52)***
辽宁	2.79 (0.38)***	河南	3.40 (0.44)***	陕西	4.93 (0.45)***
吉林	5.88 (1.03)***	湖北	4.08 (0.41)***	甘肃	2.12 (0.42)***
黑龙江	4.07 (0.40)***	湖南	3.76 (0.61)***	青海	5.37 (0.46)***
上海	6.10 (0.78)***	广东	6.23 (0.42)***	宁夏	3.33 (0.42)***
江苏	3.49 (0.41)***	广西	3.37 (0.37)***	新疆	2.95 (0.68)***

注：括号内数字表示斜率系数的标准差，*** 表示在 0.1% 的显著性水平下显著。

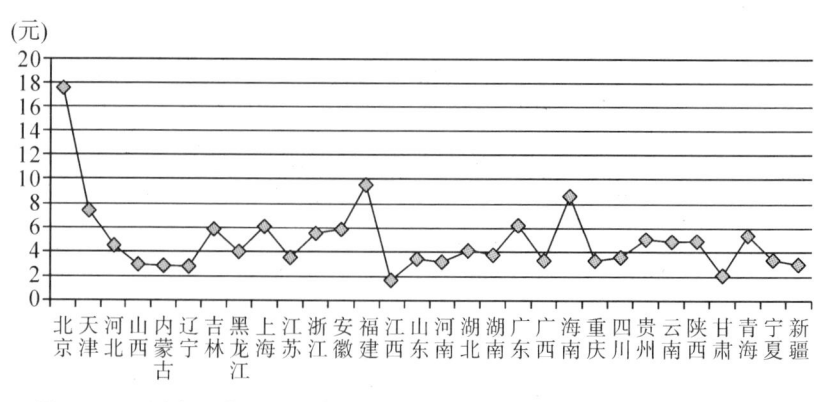

图 8-5　不同省（市、区）房地产价格指数变动对人均房贷还款额的影响

4. 费用扣除标准的地区差异和解决建议

中国目前区域发展不平衡，各省（市、区）收入和消费存在较大差异。

由图 8-6 可以看出，各省（市、区）之间的差异呈扩大趋势。而中国现行的工资薪金扣除标准采用全国"一刀切"的方式，对于西部地区能够满足日常生活要求，而在东部，特别是沿海地区这一标准会给低收入人群带来更大的生活负担。

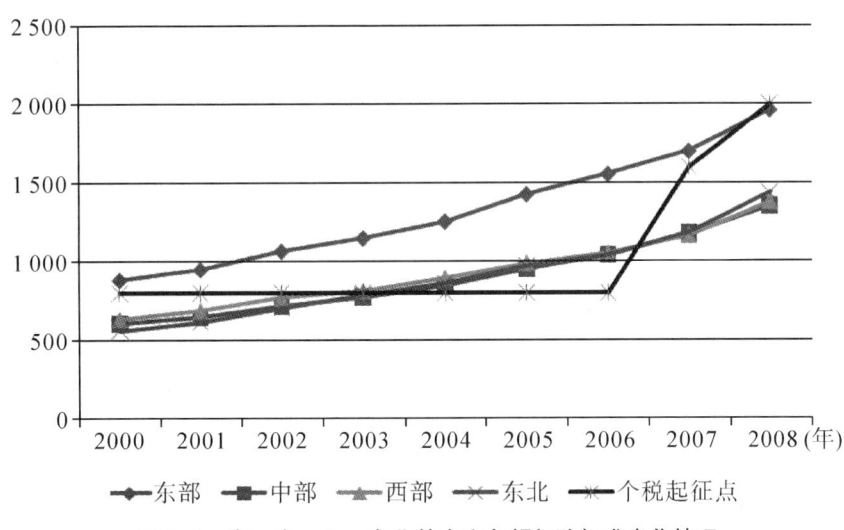

图 8-6 东、中、西、东北基本宽免额扣除标准变化情况

注：这里东、中、西和东北的划分是按照《中国统计年鉴》中收入分配行政区划为依据。东部包括北京、天津、河北、上海、江苏、浙江、福建、山东、广东、海南；中部包括山西、江西、河南、湖北、湖南和安徽；西部包括重庆、四川、贵州、云南、陕西、甘肃、青海、宁夏、新疆、内蒙古、广西；东北包括辽宁、吉林、黑龙江。将不同地域中各省（市、区）每年基本宽免额取平均值得到上图。

各省基本消费支出变异系数指标及 CPI 指数和房地产价格指数的均值和变异系数指数见表 8-11、表 8-12。

表 8-11　　　　各省基本消费支出变异系数指标　　　　单位:%

X1	2000	2001	2002	2003	2004	2005	2006	2007	2008	均值
变异系数	29.67	29.03	28.01	28.26	30.35	31.30	31.70	31.80	30.05	30.02

表 8-12　　CPI 指数和房地产价格指数的均值和变异系数指标　　单位:%

X2	均值	20.39	变异系数	46.43
X3	均值	4.95	变异系数	60.56

注：X1 表示全国人均工资薪金扣除标准均值；X2 表示全国人均基本宽免额随 CPI 变动幅度均值；X3 表示全国人均房贷月还款额随房地产价格指数变动幅度均值。

无论是基本宽免额还是附加宽免额，在不同省（市、区）之间也存在较大的差异，如果不考虑各类不同性质费用扣除标准的空间差异，势必会造成给部分省市居民的日常生活带来负担，因此对全国省（市、区）对于全部生计费用采用"一刀切"的标准确定扣除标准的确有失公平。

实证模型表达了均值结论：其各省级基本消费支出的变动幅度在全国人均工资薪金扣除标准基础上有30%的浮动率，个人基本宽免额随CPI变动浮动率达40%~50%，由于房地产物价在各省（市、区）的差异，全国人均房贷月还款额浮动率为60%左右。

基于对国际经验的借鉴，也鉴于对全国范围内人才自由流动的制度性考虑以及城镇居民基本生存权和发展权的维护，本书建议可以考虑在制定全国统一的基本宽免额基础上，将与居民生活密切相关的住房、医疗、文化教育支出作为附加分类扣除项，予以据实扣除（或根据财政因素予以限额扣除）。就征管问题而言，还可以借鉴美国的做法，对于分类扣除项也可以制定一个标准扣除额，在这种机制下，纳税人可以自己选择是采取分项扣除还是简化手续的标准扣除。这样的方式既可以简化征管，又对地区差异和有实际困难，如较大医疗、教育支出的家庭或者个人予以适当的照顾，体现公平原则和简化原则。

9 个人所得税制度要素设计
——税率与级距

个人所得税的累进性是衡量个人所得税收入分配调节功能的重要指标,通常认为,随着收入的上升,平均税率应该上升才能实现量能负税的公平原则。如何的累进程度才能既保证公平的同时又能维护效率原则和适度原则呢,在综合与分类税制下,对劳动所得设计什么样的累进税率才是适宜的,这恐怕并没有一个标准而统一的答案,对于中国国情下的个人所得税税率设计,本书仅希望做一些有益探索。

9.1 累进税率结构设计是实现收入再分配目标的重要保障

个人所得税税率是一个敏感的话题,税率数目、初始税率、税率级数和最高边际税率都是个人所得税制度设计中的要素,它直接显示着政府对于个人所得税税种的定位和公平收入分配调节的意愿。

9.1.1 确定税率结构的税制设计理论

从公平的角度考虑税率结构,即以纳税人的支付能力作为税率结构的衡量标准,在此,我们用数学的方法分析在绝对牺牲相等、比例牺牲相等和边际牺牲相等的情形下的税率结构选择。在绝对牺牲相等的税收公共原则指导下,假设 x 为收入,t 为个人所得税税额,且收入符合边际效用递减的规则。绝对均等牺牲要求不同收入水平的个人税后损失的总效用应该相等,就是:

$$U(x)-U(x-t)= C \quad (C 为常数) \tag{9-1}$$

对式(9-1)两边微分可得:

$$[U'(x)-U'(x-t)]\mathrm{d}x+U'(x-t)\mathrm{d}t=0$$

即

$$\frac{\mathrm{d}t}{\mathrm{d}x}=\frac{U'(x-t)-U'(x)}{U'(x-t)} \tag{9-2}$$

公式（9-2）左边为边际税率 t_m，则根据边际税率与平均税率的关系，当边际税率大于平均税率时，应该选择累进税率；当边际税率小于平均税率，应该选择累退税率；当边际税率等于平均税率，则应该选择比利税率。

根据已知。可以得出税后所得与税前所得的弹性为：

$$\eta=\frac{\mathrm{d}(x-t)/(x-t)}{\mathrm{d}x/x}=\frac{x}{x-t}\left(1-\frac{\mathrm{d}t}{\mathrm{d}x}\right) \tag{9-3}$$

则，

$$\eta=\frac{1-t_m}{1-t_a} \tag{9-4}$$

根据式（9-4），将式（9-2）带入式（9-3），得：

$$\eta=\frac{xU'(x)}{(x-t)U'(x-t)} \tag{9-5}$$

从式（9-5）可以得到，η 的大小取决于 $U'(x)$ 曲线的弹性 e，也就是所得的边际效用曲线的斜率。当 $e>1$，$e<1$ 或 $e=1$ 时，可以确定出 $\eta>1$，$\eta<1$ 或 $\eta=1$，则可以在累进税率、累退税率和比利税率之间做出选择。

从以上绝对牺牲相对原则下的税率结构的选择，可知我们无法得出到底哪一种税率结构最优，得根据具体情况来确定，同理，我们继续推导比例牺牲相等下税率结构的选择。比例牺牲相等意味着：

$$\frac{U(x)-U(x-t)}{U(x)}=C \tag{9-6}$$

对式（9-6）求微分，得出边际税率的表达式：

$$\frac{\mathrm{d}t}{\mathrm{d}x}=\frac{U(x)U'(x-t)-U(x-t)U'(x)}{U(x)} \tag{9-7}$$

设 $\overline{U}$ 为平均效用，并且 $\overline{U}=U(x)/x$，经过变换，式（9-7）就已变为

$$\frac{\mathrm{d}t}{\mathrm{d}x}=1-\frac{(x-t)\overline{U}(x-t)}{x\overline{U}(x)}\cdot\frac{U'(x)}{U'(x-t)} \tag{9-8}$$

再利用 t_m 与 t_a 做有关变换，得：

$$\frac{1-t_m}{1-t_a}=\frac{\overline{U}(x-t)}{\overline{U}(x)}\cdot\frac{U'(x)}{U'(x-t)} \tag{9-9}$$

与绝对牺牲相等原则下推导式（9-4）对比，可知式（9-10）的左边与式（9-4）的右边相同，即：

$$\frac{1-t_m}{1-t_a}=\frac{\overline{U}(x-t)}{\overline{U}(x)} \cdot \frac{U'(x)}{U'(x-t)}= \eta \qquad (9\text{-}10)$$

当 $\eta>1$ 时，$t_m<t_a$；当 $\eta=1$ 时，$t_m>t_a$；当 $\eta<1$ 时，$t_m=t_a$。即，当税后所得与税前所得的弹性大于、等于、和小于 1 时，应该分别采用累退税率、比例税率和累进税率。换句话说，在比例牺牲相等的指导思想下，保证税收公平的税率选择同绝对牺牲相等原则下一样，没有唯一的最优税率结构。

简化推导过程，在边际牺牲相等原则下，税率结构选择依赖于个人的同质性与异质性。可见，边际牺牲相等原则下也没有简单化的政策结论。

9.1.2 确定税率级次的税制设计理论

对于个人所得税税率结构的设定，是一个经济、预算和税收政策的问题，尤其是在确定个人所得税率的最优级次方面并没有权威的理论，也没有较为统一的税收实践结论，但是普遍认为，多重税率未必导致个人所得税的累进性。如果实行单一正税率（τ），同时规定一个限额（e），税前收入（y）在该限额以下的不征税，这种情况可以显示个人所得税的累进性，在这种情况下，总的应纳税额为：

$$T=\tau(y-e) \qquad (9\text{-}11)$$

双方除以 y，得到：

$$A=\tau-e/y \qquad (9\text{-}12)$$

当只有一个征税率时，τ 当然也就是边际税率（适用于边际税率以上的收入），从式（9-12）可见，只要 $e>0$，显然，$\tau>A$，那么边际税率大于平均税率。实际上，随着 y 的增加，τ 与 A 的差距在明显减少，所以，对高收入者采用另外一个或者两个更高的边际税率的确可以保证累进程度不会随着收入的增加而过快减弱。[1] 在税率结构的设定上，比较公认的方式是制定一个范围较广的标准边际税率并将绝大多数负有所得税纳税义务的纳税人包含在内，这可能需要不超过三到四个明确的税率，即标准税率和低于标准税率的税率（初始税率），以及一个或者两个超过标准税率的税率。[2]

初始税率与中低收入者的负担直接相关，也是衡量个人所得税制度的累进性和公平性的重要标志。如果初始设计得过高，可能会导致公众的不满情绪。在 OECD 国家中，大部分国家的初始税率都在 10% 以内，也有部分国家选择了

---

[1] http://www.imf.org/external/pubs/ft/wp/2005/wp0587.pdf.
[2] 图若尼. 税法的起草和设计 [M]. 国家税务总局政策法规司，译. 北京：中国税务出版社，2003.

5%或者更低，比如瑞士。税率档次多少对累进度和税收公平也是有影响的，尽管这种影响的结果并不确定。当然各国税制设计和税务征管的经验也承认，较少的征税率可以实现足够的累进，档次多的税率结构并不一定比档次少的税率结构累进程度更大，较少的累进级距在管理上也更加具有优越性。当然与俄罗斯等国家的单一税率结构相比，其在实施政府复杂的再分配目标时更加灵活和有效。像澳大利亚、法国、西班牙都侧重于税率和级距的设定来控制和设定累进程度的高低。

当然，税率累进速度和最高边际税率同样也对个人所得税制度的累进性和公平性产生重要影响，实践中，各国政府也深得体会。并非累进性越高税收制度越公平，因为累进性太高会促使中高收入者选择闲暇从而损害效率，所以在设计税率的累进性时会考虑本国的劳动供给弹性以及累进的税收制度对劳动供给产生的影响。如果累进税率过快，那么很有可能税收的替代效应就会显现，使得中等收入者过早地用闲暇来替代劳动，那么可能这一制度会侵蚀到税源本身。

还有就是宽免额，个人宽免（包括附加宽免）也可以影响税率结构的累进与公平。因为即使是在单一比例税率的情况下，免征额也自动构成了累进税的一级，也能起到累进的效果。美国、英国、香港地区等国家和地区对于免征额的设定非常宽泛和细致，以实现对量能赋税的严谨态度。

9.1.3 综合与分类税制下的税率结构设计的特征

实际上，税制类型不同，税率结构特点也不同，比如分类税制的国家和地区采用比例税率较多。根据所得类型和性质来确定不同的比率税率的数目和税率的高低。实行分类税制的国家中，劳务所得的税率与资本所得的税率的孰高孰低，也根据各国情况而定。在综合与分类税制下，普遍的特点是劳动所得采取累进税率结构，而资本利得采取比例税率结构，且为了避免收入转换的逃避税形式，在税制设计上考虑一般原则是劳动所得的最低税率应该接近于资本所得的单一比例税率。见图9-1。

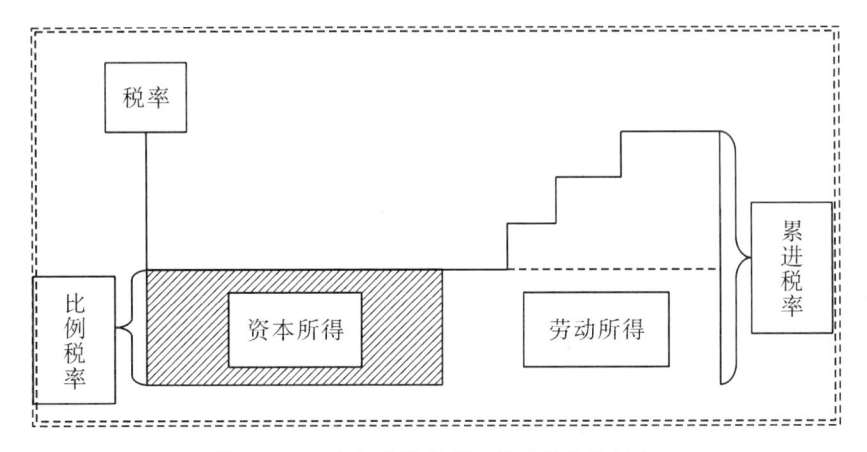

图 9-1 综合与分类税制下税率结构的特点

北欧部分国家个人所得税税率见表 9-1。

表 9-1　　　　　　　　北欧部分国家个人所得税税率

	挪威	芬兰	瑞典	丹麦
税率——资本所得	28	28	30	28/43[a]
税率——劳动所得	28~47.5	29.5~52.5	31.5~56.6	38.1~59

资料来源：二元所得税制：欧洲国家的实践以及经验[J]. 税收译丛，2007（1）.

9.2 我国税率结构的现状

9.2.1 现行税制劳动所得累进税率设计存在的收入再分配问题

我国个人所得税的累进税率体现在个体工商户、工资薪酬和劳务报酬三个方面，这里主要讨论工资薪酬和劳务报酬的税率结构问题。就税率高低而言，较高的边际税率可能也会产生较高的逃税动机，对于我国工资薪酬的七级累进税率表，总的来说税制设计复杂，1994年的收入水平和实际购买力与现在的状况差距甚大，20年前的税率设计应该说可以较好地体现公平与适度的原则。而这一税率结构表就目前社会经济发展的对象而言，前三个级距显得过于狭窄，第一个税级是1 500元以下，第二个税级是1 500~4 500元，第三个税级是4 500~9 000元，这三个级次级距范围没有拉开，税率累进过快，具体来说，应纳税所得额从0元到9 000元的法定税率跃升了20%，平均每450元左右税率就增加1%，而第四、五、六级平均每7 000元左右税率才增加1%，税率陡峭程度表明税制设计并未对中低收入者显示出宽松的态度，第四级9 000~35 000元一级跨度过大，涵盖中等和高等收入者，调节性减弱。相比较，后三级档次主要针对高收入者，应纳税所得额从35 000元到80 000元，税率从30%跃升到了45%，最高边际税率45%已经高于全世界的最高税率平均水平和周边国家水平，适用人群较少，但是对高级人才的劳动积极性的确具有较大的影响，且有悖于公平原则和适度原则。除了工资薪酬的个人所得税税率级距以外，对于劳务报酬，首先是与工资薪酬同工不同酬的问题，其次，20%、30%、40%的累进水平极易造成跨期的收入分解。

9.2.2　我国财产所得课税的比例税率

对资本利得而言，财产租赁所得和财产转让所得征收比例税率为20%，其中国内A、B股票市场上的资本利得免税、利息所得免税，红利和股息按照20%的比例税率计征，上市公司减半征收。财产所得的征管方式主要通过代扣代缴制度完成。

就前文指出的城镇居民收入分配的结构特征分析来看，我国高收入者的财产性收入比其他收入阶层的收入上涨得快，金融资产中证券资产和基金资产收入也较高。这一结论在第六章的问卷调查分析中也得到了印证，高收入者工资薪酬以外的其他经营所得或者投资收入占家庭收入比重在增加。根据刘晓川（2008）实证分析，发现工资薪金具有累进性，而以股息、红利、利息为代表的财产性收入和经营性收入呈现出累退的特征，严重削弱了其政策功能[①]。他对2001—2005年的K指数水平进行考察，由于利息、股息、红利所得适用20%的比例税率，而且不允许扣除任何费用，因此，总体上财产所得的个人所得税税负K指数水平应该接近于0，但是研究结果表明，除了2002年基本满足这一特征之外，其他各年的指数值均显著小于0。并且，从2002年开始，这种累退性表现得愈来愈强烈，其原因是地区间财产性差异持续扩大（这与我们第五章分析的结果吻合），2002—2005年财产性所得地区间差距的基尼系数年均增长6.1%，从0.23上升到0.31，远远高于工薪所得差距扩大的增幅，相应的财产性所得的纳税义务集中度水平不降反升。而经营所得适用超额累进税率的本身具有累进的意味，研究结果表明其逆向调节依然存在。

对于非劳动所得确定比例税率，是实行个人所得税国家的经验选择，但

---

① 刘晓川，汪冲. 个人所得税公平功能的实证分析 [J]. 税务研究，2008（1）.

是，对于财产所得，特别是资本市场投机行为实行免税，实际上是对收入再分配效应的大大削弱。

9.3 西方国家税率结构制度改革的趋势和经验分析

如表9-2所示，我们从28个OECD国家的税率表也可以看出，OECD国家近10年来的发展趋势是各国普遍降低了税率并减少了税率档次，2012年28个OECD国家的平均税率级次只有4.77级，其中，瑞士和卢森堡的级次达到10级和17级，为税率级数最多的两个国家，但是瑞士的初始税率很低，仅有0.77%，最高税率也不过25%。绝大多数国家税率级数在3~6个。低于3级的国家也很少，仅有5个。对比2000年平均最高边际税率45.77%，2012年最高边际税率已经下降为36.20%，12年来几乎下降了10%。但是就数据来看，2012年28个OECD国家低收入者平均税负12.17%，中等收入者平均税负为16.88%，高等收入者平均税负为23.51%，① 对于低收入者、中等收入者和高收入者的平均税负依然呈现明显累进，且最高边际税率在50%以上的只有1个，在40%~50%的有12个，在20%~40%的有12个，在20%以下的有3个。

表9-2 OECD成员国个人所得税负担与税率档次和最高边际税率比较表

指标比较	低收入者个税与收入占比		中等收入者个税与收入占比		高等收入者个税与收入占比		税率档次		最高边际税率	
年度	2000年	2012年	2000年	2012年	2000年	2012年	2000年	2012年	2000年	2012年
澳大利亚	21.1	16.8	26.6	22.9	34.9	29.1	4	4	47	45
奥地利	7.5	9.9	12.9	15.9	20.3	22.9	5	3	50	50
比利时	22.7	22.4	29.0	28.8	36.0	35.5	7	5	50	50
捷克	8.2	7.7	10.0	11.8	13.0	15.1	5	1	40	15
丹麦	27.6	33.4	32.3	36.2	40.7	43.4	3	2	63.5	19.65
芬兰	21.2	14.8	27.2	21.8	34.3	29.0	6	4	39	29.75
法国	12.5	12.6	15.8	14.6	21.2	20.9	6	5	56.8	45
德国	16.3	14.2	22.7	19.2	31.6	27.8	10	4	53	45
希腊	2.2	4.6	6.1	8.8	13.8	15.4	5	3	45	45
冰岛	19.9	23.7	25.3	28.9	36.6	34.0	2	3	45	31.8

---

① 对OECD成员国进行税负分析时，大多采用纳税人平均收入水平的2/3、平均收入水平、平均收入水平的5/3作为低收入纳税人、中等收入纳税人、高收入纳税人的标准。

表9-2(续)

指标比较	低收入者个税与收入占比		中等收入者个税与收入占比		高等收入者个税与收入占比		税率档次		最高边际税率	
年度	2000年	2012年	2000年	2012年	2000年	2012年	2000年	2012年	2000年	2012年
爱尔兰	11.1	8.7	15.2	14.8	26.7	28.0	2	2	43	41
意大利	15.2	17.2	19.9	21.3	25.2	28.3	7	5	51	43
日本	5.5	6.0	7.0	7.5	11.1	11.8	5	6	50	40
韩国	0.8	1.5	2.3	4.8	6.7	8.7	4	5	40	38
卢森堡	10.2	7.9	17.0	15.5	26.2	23.8	17	17	46	39
墨西哥	-6.1	0.3	0.7	8.1	7.8	12.5	8	8	35	30
荷兰	5.3	5.1	9.6	16.5	25.4	28.8	3	4	60	52
新西兰	18.6	13.1	19.4	16.4	24.2	22.4	2	4	33	33
挪威	18.9	17.8	22.9	21.6	30.3	28.0	4	3	47	25.75
波兰	5.3	5.8	6.6	6.8	7.7	7.6	4	2	40	32
葡萄牙	6.3	4.9	11.4	10.7	17.6	17.8	5	8	40	46.5
斯洛文尼亚	10.2	6.4	13.5	11.0	19.1	16.7	7	3	42	41
西班牙	8.5	11.8	13.5	17.5	18.5	22.3	5	2	49	30.5
瑞典	24.7	15.1	26.7	17.9	36.3	30.4	4	2	55	25
瑞士	7.7	7.2	10.8	10.3	15.8	15.3	9	10	45	13.2
土耳其	13.2	10.6	14.7	12.9	18.0	17.0	6	4	40	35
英国	15.1	13.2	17.4	15.5	23.0	23.1	3	3	40	50
美国	14.9	14.0	17.3	17.1	24.2	22.9	4	6	39.6	35
OECD平均	12.96	12.17	16.95	16.88	23.90	23.51	5.46	4.77	45.77	36.20

数据来源：①Tax Wages 2013：Edition Part II：Tax Burden Trends 2000-12，http：//www.oecd-ilibrary.org；②OECD Database：Personal income Tax Rates：Table 1.1 Provides the Personal Income Tax Rates and Thresholds for Central Governments。

再来对比美国2014年的个人所得税税率级次表，比较突出的特点首先是级距随着物价指数每年调整，保证居民的实际购买力水平不下降，其次是前二级税率级次水平属于低收入水平，在对基本生活扣除，成本扣除和生计扣除之后，适用10%或者15%的低税率。10%的初始税率保证宽阔的个人所得税税基以及低收入者也容易接受该税率，15%的税率增加了政府的收入，也帮助培植了税源，低税率与中等收入水平适用标准税率25%拉开了10%的差距，体现了中低收入者轻税的特点。对中高收入者实行25%的边际税率以后，第四级28%的累进速度也明显放缓，中等收入者作为纳税主力按照25%缴纳个税，增强了收入功能，小幅提升对中高收入者28%的税率帮助美国政府进一步巩固了税收规模，小幅的累进程度并不伤害中高收入者的工作激情，到第五级达到33%的税率，但第五级的级距很宽，达到20万美元左右，第六级税率为35%，级距相对较小，最后最高边际税率39.6%，对高收入者仍然体现了税法的适度原则。美国个人所得税制度在累进程度的设计上应该说较好地体现了政府的目标，高收入阶层33%~39.6%的税率实际上也接纳了最优税制的观点，对高收入者低税更能增加税收收入，降低扭曲。美国个人所得税每年为联邦政府提供了将近一半的税收收入，在个人分配领域也起到了良好的作用。见表9-3。

表9-3　　　　　美国个人所得税级次表（2014年）　　　　单位：美元

税率	单身	已婚，联合申报	已婚，单独申报
10%	1~9 075	1~18 150	1~9 075
15%	9 076~36 900	18 151~73 800	9 076~36 900
25%	36 901~89 350	73 801~148 850	36 901~74 425
28%	89 351~186 350	148 851~226 850	74 426~113 425
33%	186 351~405 100	226 851~405 100	113 426~202 550
35%	405 101~406 750	405 101~457 600	202 551~228 800
39.6%	>406 750	>457 600	>228 800

资料来源：美国国内收入局网站。

除此以外，还值得一提的是俄罗斯的单一税制，从2001年1月1日起俄罗斯实行13%的单一税制，替代原来的12%~35%的五级累进税率。在13%的单一税率以外，还补充了30%和35%两档税率，以应对不同性质的股息和利息收入。不仅如此，还减少了税收优惠，提高了生计扣除额，纳税人可以为本人和孩子分别限额扣除25 000卢布的教育支出和医疗支出。单一税率的俄罗斯个人所得税制度意外使得俄罗斯2001年增长了46%的个人所得税税收收入，穷人由于费用扣除增加和税率下降使得生活和发展得到了保障，而富人由于税率下降使得投资活跃，经济增长明显。

顺应OECD国家世界税制改革的浪潮和趋势，我国个人所得税税率结构显得既不适应现阶段国情，也大大落后于世界税制改革的方向，其改革迫切性很强。

9.4 促进收入再分配的个人所得税税率设计

9.4.1 税率结构的确定

1. 对劳动所得累进税率的思考

如果将税率基本考虑为起始税率、基本税率和高税率（可以定到 2~3 个左右）的话，首先可以适当地调宽起始税率的适用范围，为更多的低收入者提供低税率。这基于几方面的原因，其一是低收入者的收入绝对额较低，且边际消费倾向较高，劳动收入转化为财产和财产性收入的可能较小且所需要的时间较长；其二是劳动所得不如某些财产所得（比如房租）稳定，一来因为经济周期、个人身体以及意外事故可能造成个人职业变更的风险，二来职业后续教育费用、家庭赡养造成劳动收入的费用率不稳定；三来劳动所得一般实行源泉扣缴，相比复杂的财产所得，其是最不容易逃漏税的收入，因此对于3%的低税率应该保持不变，并要照顾更多的低收入阶层。

其次，调整基本税率并扩大税率的适用范围，比如现行对于10%、20%的税率分别适用于 1 500~4 500 元，4 500~9 000 元的收入范围，相对于后几级税率显得对中低收入税率分级过于密集。可以考虑合并这些中间档次的税率，将税率级次控制在 5 级范围以内。对广大的中等收入阶层来说，可以将基本税率定在 10%~20%的水平，使得中等收入阶层对纳税不产生抗拒心理，减少逃避税的主观意愿，增强纳税遵从，从而起到收入分配调节的作用。

最后，适当降低最高边际税率。个人所得税的最高边际税率必须在一个合理的水平，通常认为不能超过50%，我国的个人所得税最高边际税率目前为45%，笔者认为仍然偏高，应该适度降低至35%左右。主要原因也有三：一是因为我国目前的情况是流转税超过50%[1]，也就是说，在缴纳了个人所得税后，当人们在进行维持生活必需的消费时，仍然需要缴纳较高的商品劳务税等税收，且理论上来说，这些税收很大程度上是由最终消费者承担的。第二个原因，个人所得税的最高边际税率的制定要考虑与公司税之间的税率差异，目前的公司税比例税率为25%，个体工商户的最高税率为35%，如果个人所得税的最高税率超过公司税的最高税率过多，则高收入的个人就会存在组建公司以

---

[1] 数据来源：财政部网站《2012 年税收收入增长结构性分析》税政司 2013 年 1 月，http://szs.mof.gov.cn/zhengwuxinxi/gongzuodongtai/201301/t20130123_729605.html

利用公司税逃避个人所得税责任的动机,比如提高职务消费或者将所有生活费用打入公司,这种情况在我国显示的税收征管中比比皆是,很多私人企业的股东兼管理者,一方面拿着每月不足 3 500 元的工资,另一方面将所有个人生活的高消费一律打入公司费用处理。第三个原因,适度降低税率可以达到更好的调节作用。税率定得过高,不但影响效率,且最重要的是偷漏税的发生概率更大,在我国目前现实的征管条件下,偷漏税被发现和处罚的风险较小,纳税人通过各种方式逃避税收,甚至向国外转移收入。即使制定了较高的税率,可能不仅不能按高税率征税,就连基本的税收也征收不到位,调节作用基本丧失,而适当的税率可以减少纳税人逃避税的动机,增加遵从的可能性,便能起到法律期望的调节效果。

总的看来,不管是减少税率级次,还是降低最高边际税率,都会降低各类收入阶层的税负。但是,从各阶层来看,高收入者减少的税负多于低收入者,而提高费用扣除标准,则相当于增加了零税率的一档,将更多的人纳入免税的一类。实际上,在累进税制下,费用扣除额的提高,虽然对低、中、高收入者都会产生减税的共同作用,而且高收入者总会比中低收入者减少更多的绝对税负,但是从相对税负,即平均税率来看,低收入者得到的税收利益将更加多一些。税率制度的改革,不仅仅要考虑经济和预算的因素,更要充分考虑其调节收入分配功能的发挥,就中国目前的实际情况而言,合理设置个人所得税的税率级次的关键同样是——如何更好地发挥收入分配的调节作用。

2. 对资本利得的税率设计的思考

为了特定的政策原因,比如为了经济增长的资本积累,为了刺激投资、扶持资本市场的发展,目前对销售股票的资本利得的税率定在20%的税率水平,远远低于劳动所得的最高边际税率,对于上市公司发放的股息,也有了个人所得税税额减半的特别优惠待遇。但是,在资本市场发展到今天较为成熟的阶段,这种方式必定侵蚀了个人所得税的税基,并对高收入者的收入分配调解是不利的,所以,可以考虑取消财产性收入所得的税收优惠。

对于税率级次改革和税率设计问题,借鉴其他国家的经验与教训,结合我国的具体国情,个人建议兼并级次到 5~6 级,将最高税率降低到 35% 左右,设计一个对中低收入者宽松、对中高收入者适度、对高收入者适当调节的税率制度,实际上更有助于个人所得税的调节收入分配功能和培植税源、增加财政收入的功能。

9.4.2 税率设计的其他考虑——社会保障费率给居民造成的负担

社会保障税在我国目前以社会保障费的方式征收,目前的社会保障费是对雇主和雇员双重征收，雇员在缴纳个人所得税之前，需要提取基本养老保险、基本医疗保险、失业保险和住房公积金保险。它属于法定的个人必须交纳的费用，其性质等同于社会保障税，也是个人负担，应将社会保障费纳入个人总体负担的衡量水平。我们以2014—2015年上海市个人缴纳社会保障费费率为例，来说明雇主的负担和雇员个人所得税税前的负担。见表9-4。

表9-4　上海市2014—2015年个人缴纳个人所得税前缴纳社会保障费的标准

	基本养老保险费	基本医疗保险费	失业保险费	工伤保险	生育保险	住房公积金	补充住房公积金
个人缴纳比例	8%	2%	0.5%	—	—	7%	1%~8%
单位缴存比例	21%	11%	1.5%	0.5%	1%	7%	1%~8%

资料来源：上海人力资源和社会保障局政府网站。

其中个人缴存比例为8%+2%+0.5%+7%=17.5%，公司缴存的比例为21%+11%+1.5%+7%+0.5%+1%=42%。

也就是说扣除四金后的个人工资为个人工资-基数×17.5%；而公司付出的总资金为工人工资+基数×42%。

由此可见，如果我们把对雇员征收的社会保障费看作单一税率17.5%，对雇主征收的社会保障费看作单一税率42%，而雇主承担的总劳动费用和雇员取得的实际所得之间的差可以看作工资的总负担水平。则：

实际所得=工薪收入-社会保障费-个人所得税

所以在制定个人所得税税法时，需要在考虑个人收入水平的同时考虑个人社会保障费用和个人所得税的总负担。

10 个人所得税制度的实施机制与征管改革

个人所得税是世界上最复杂的税种之一,其改革是一个综合性的系统工程,税制改革同时也是征收机关对管理方式的重要变革,必须具备较高的征管配套条件税制改革才能顺利实施。从一些发达国家征管实践来看,实行分类和综合相结合的个人所得税相关征管和配套措施包括储蓄实名制度、个人财产登记制度、银行卡代替现金为主要支付方式、个人收入申报及交叉稽核制度以及第三方信息报告制度海量数据信息化处理平台等,都经历了一个不断深化和完善的过程。个人所得税直接面向个人征收,纳税人数量巨大,加之我国地域广阔,地区差异较大,要实现税制改革的目标,必须有与之相适应的强有力的征管与配套机制。因此,目前应下大力气完善征管配套措施,有了这些配套机制的综合保障,个人所得税制度改革才能得以顺利推进。

10.1 个人所得税制度的实施机制

在综合与分类相结合的个人所得税制度下,征税方式由目前的源泉扣缴与自行申报相结合的方式,转变成实行源泉扣缴和自行申报相结合、预扣和清算税款相结合的税款征收方式。

10.1.1 个人所得税源泉课征制度与申报制度

1. 源泉课征制度

源泉课征制度是指所得税采用从源征收的方法,即在支付收入时,由支付单位依据税法规定,对其负责支付的收入项目代扣代缴所得税税款。源泉扣缴制度具有税源控制便利、征管成本低、能保证税款及时足额入库等优点。一般来说，在分类课税制度下，代扣代缴制度的使用是广泛的。当然其不足点也是我国个税制度中明显的收入分配问题，由于是在分类基础上的源泉课征法，所以，所得税的税基难以综合反映纳税人的纳税能力。

从各国的实践来看，即使在实行申报制度的国家，源泉扣缴也是非常重要的措施。甚至税收中大部分税收还是通过代扣代缴方式获得的。比如，美国每年的4月15日为最后的申报期，为了不至于在申报期缴纳一大笔税金，在每个月发放工资薪酬时，也是通过代扣代缴形式实现了近70%的个人所得税税款缴纳，以及社会保障税的缴纳。在美国，每个季度还需要上报国家收入局估算税款单据、股票股息、退休基金或博彩奖金的代扣代缴。

2. 申报制度

在个人所得税征管方面，大多数国家都规定了自行纳税申报制度。对于工资薪酬所得和居民个人的股息、利息、红利等以及偶然所得等收入，通常都采取源泉扣缴的方式，源泉扣缴方式被通认为是最具效率的征管方式。而自行纳税申报是同源泉扣缴相并行的申报方式，包括日常自行申报和年终综合申报两类。日常自行申报主要是对不适用税源扣缴的所得规定的申报制度。年终综合申报是根据纳税人年度综合收入计算纳税，对源泉扣缴和日常自行申报进行修正。个人所得税调节对象能否到位，不仅取决于税制本身的设计是否存在缺陷，更取决于税制执行的相关第三方的协税报税等征管制度是否齐备。由此，很多国家将支付方信息申报规定为法定义务，详细的收入和纳税信息是加强个人所得税管理的重要资料。为此，很多国家都规定了工薪所得支付方的信息申报义务，也包括实行源泉扣缴的各项所得。

各国自行申报制度安排与工薪薪酬源泉扣缴制度紧密相连。实行累计源泉扣缴的国家，如英国、意大利，源泉扣缴的税款基本等于年终综合申报应缴纳的税款，因此英国、意大利和奥地利等16个成员国规定，纳税人满足一定条件的，可不进行年度综合申报。而澳大利亚、美国、加拿大等实行非累计税源扣缴（或未实行税源扣缴）的欧盟10个成员国规定，纳税人必须进行年度综合申报，年度综合申报的基本功能是进行税款的多退少补。芬兰、丹麦、瑞典等4各成员国实行"预填"申报制度。

事实上，征收所得税只采用一种方法的很少，通常源泉扣缴法和自行申报法结合使用。即除了对某些项目采用源泉扣缴以外，年末时采用自行申报法进行汇算清缴。课税方法的选择，对所得税制度的实行以及公平和效率是最重要的保证之一，当然，这要求课税办法既要考虑防止税款偷漏流失，也要考虑征收管理成本与效率。

10.1.2 我国个人所得税申报的现状

1. 申报制度的发展

为适应现代征管的目标模式和个人所得税制度改革的要求，我国在个人所得税自行申报制度方面进行了很长时间的探索，相关的配套制度也已日趋规范。其主要法规的形成经历了大概两个阶段，其一是1980年我国五届人大第三次会议审核通过的《中华人民共和国个人所得税法》以及1993年对其的第一次修订，首次提出了"自行申报"的概念，1995年国务院颁布的《中华人民共和国个人所得税税法实施条例》以及国税总局相继出台的《个人所得税自行申报暂行办法》固定了必须自行向税务机关申报所得并缴纳税款的几种情况。其二是2005年国务院颁布的《中华人民共和国人个人所得税法实施条例》和2006年颁布的《个人所得税自行纳税申报办法（试行）》，具体要求了五种情形，即①年所得12万元以上的；②从中国境内两处或两处以上取得工资、薪金所得的；③从中国境外取得所得的；④取得应税所得，没有扣缴义务人的；⑤国务院规定的其他情形。

此外，《个人所得税管理办法》第十七条规定了"税务机关接受纳税人、扣缴义务人的纳税申报时，应对申报的时限、应税项目、适用税率、税款计算及相关资料的完整性和准确性进行初步的审核，发现有误的，应及时要求纳税人、扣缴义务人修正申报"。但据了解，对于个人所得税修正申报的规定却依然停留在法律层面。

2. 分类课征制度"嫁接"综合申报制度

分类课征制度一般对应源泉课征制度，而综合课征制度对应综合申报制度，我国个人所得税的改革中，对一部分先富裕起来的人实行自行申报，以逐步摸清收入状况，实行双向申报制度，为个人所得税的改革做好先行试验。但是由于征管能力和信息系统的原因，目前的情况是分类计税"嫁接"综合申报的混合搭配，形成了一个计税、纳税和申报各行其道，互不通晓的局面。一方面各类收入的扣缴义务人计算、缴纳税款，另一方面要求纳税人进行综合的自行申报。对于中国目前的状况来说，个人收入比较多元化，比如工资薪酬、兼职收入、利息收入、租金收入、财产转让收入，再加上纸币大面积流通的情况下，除非各相关部门可以提供收入和缴纳税记录的详细情况，否则每项每月每年的各类收入无法清楚计算，即使在单一的工资薪酬下，由于没有取得每月完税凭证，也无法了解每个月的纳税情况。如果要将所有收入逐一还原到税前，或者是估算到税前，这对每个纳税人，包括相对熟悉税法的税务干部恐怕都是一个难题，一般纳税人在年收入汇算以及收入信息归集上可能遇到的麻烦和周折，更是可想而知。因此，有人讲，在现实背景下的自行申报，难以保证纳税人自身信息的准确性，也必然导致纳税人申报信息与代扣代缴单位或扣缴义务人所报送信息的差异。要求每个申报的纳税人在"我确信，它是真实的、可靠的、完整的"声明下方签字，真是强人所难。所以纳税人自行申报的积极性不高在所难免，综合申报的信息质量可想而知。此外，就目前税务征管能力而言，个人申报信息与扣缴义务人申报的双向申报的信息其实是未能进行比对的，且在一般情况下，纳税人申报的综合信息也不会作为扣缴义务人重新核算的依据。所以，双向申报几乎也就是纸上谈兵。

3. 自行申报质量和效果不及预期

从 2006 年开始执行申报以来，个人所得税的申报情况一直不尽如人意。2007 年 4 月公布的数据表明，2006 年共受理自行纳税申报人数 162.8 万余人，申报年所得总额 5 150 亿元，人均缴税额 49 733 元，推行四年以后，我们对比2010 年 3 月 31 日国税总局公布的数据，全国共有 268.9 万人到税务机关办理2009 年度个人所得税自行纳税申报，年所得 12 万元以上纳税人申报已缴税额1 384 亿元，人均纳税额刚逾 5 万元。2009 年度，自行纳税申报人数比 2006 年度增加近 100 万人，申报人数年平均增长 13.3%。但是和最初专家预计的七百万到八百万的申报数量仍然存在一定的差距。我们承认，自行纳税申报推行的四年以来，高收入者自行纳税申报管理取一定的成绩，特别是在执行自行申报的较好的一些特定群体，如国有金融企业高管、大企业股东和管理层、外籍及港澳台胞在华任职工作的个人，但就我们在成都市的问卷调查和消费观察所显现，相当部分高收入者仍然游离于税务机关的税源监控之外。

10.1.3 现行申报与征管制度设计的问题

1. 制度可实施性差

2006 年年底，世界银行与普华永道会计师事务所联合公布了全球纳税成本的调查报告，在 175 个接受调查的国家（地区）中，中国内地纳税成本高居第八位。国家税务总局虽然对报告的科学性提出质疑，但尚未能够公布更有说服力的统计数据。我国纳税遵从成本偏高已经成为一个不容回避的现实问题。分类课征和综合申报的畸形对接导致纳税人的信息无法对称，且又因为涉及面广、触及个人纳税人切身利益的特点，税收申报制度的执行效果当然面临非常尴尬的局面。

经税务机关公告催告后，游离在外的符合自行申报规定的高收入人群仍然数量相当可观，表明纳税人对纳税申报新规定的认可度不高。一方面，不申报者存在法不责众的侥幸心理，另一方面，积极申报者遵从成本偏高且易产生不公平感和不信任感。按照弗里德曼的观点，公民遵从社会规则的基础主要有三个方面：公平感、信任和程序合法性。在现行个人所得税自行申报制度中，灰色收入游离于制度之外，财产登记申报制度不完善，第三方信息报告制度缺失等一系列敏感问题均未能解决。在实施过程中，部分政府官员的纳税申报意识和纳税示范效应不强也造成了一定的负面影响。所得税自行申报在心理层面上没有得到更多目标人群的认可，再加上我国纳税人的纳税遵从度本身不高，大大削弱了自行申报制度的可操作性，成为个人所得税自行纳税申报试行办法推行的首要障碍。

2. 后续跟踪稽核和惩罚制度缺失

在个人所得税的申报工作监管中，由于信息不对称以及监管权限等多种原因，申报期结束以后，对未申报数据很难通过纳税评估和纳税人约谈的方法后续跟踪稽核对比，并对未申报者予以该有的处罚，导致税法严肃性受损。

在对成都市的税收情况调查结果中，梳理个人所得税的未依法申报的原因，"他人未申报""遭受处罚的可能性很小""不知道如何申报""申报过程很麻烦"等选项的排序表明，"法不责众"的心理和未申报受惩率低的事实，对纳税人申报影响甚大，使纳税人心理上忽视税收申报工作。有效的鼓励和严厉且能够执行的处罚措施才能充分发挥其对纳税人意识的塑造或激励作用。然而，目前个税不申报的惩罚停留在制度上，实则难以发挥其对违规者的惩戒力与威慑力，也就难以推进申报工作。

10.2 欧美国家个人所得税征管制度借鉴

10.2.1 欧美主要国家的个人所得税征管特色

1. 英国的源泉扣缴制度

英国将个人所得分门别类做出各种必要扣除，但要在统一扣除基本生计费用后适用一套税率计征规则。所以，英国看似分类，实为综合[①]。具体征收方

[①] 贾康，梁季. 我国个人所得税改革问题研究——兼论"起征点"问题合理解决的思路[J]. 财政研究，2010（4）.

式是源泉扣缴和自行申报相结合，其中采用源泉扣缴方式征收的所得包括工资、薪金所得和储蓄收入，其他收入采用自行申报形式征收。但由于其实行的是累计源泉扣缴制度，对于那些仅有来源于工资、薪金所得和储蓄收入的纳税人，源泉扣缴的税款基本等于年终申报的税款，因此，在英国，一部分满足条件的纳税人不必进行年终申报。

(1) 基本原理

英国的累计源泉扣缴制度是将纳税人在本纳税年度取得的总工资或总薪金所得和宽免额累计计算，从而任何一期的扣缴税额，取决于本纳税年度初起到本期（包括本期在内）为止的收入数额。具体来说，是将纳税人在本纳税年度可享受的宽免额除以全年工资支付的期数，得到每期宽免额，然后用本期累计工资额减去本期累计宽免额，得到应税累计工资，再将应税累计工资乘以适用税率得到应纳税额，最后将本期应纳税额减去上期已扣缴的税额，其差额即为本期应缴的所得税额[①]。

(2) 主要程序

纳税人向税务局提交记载本人的详细情况的纳税申请表后，税务机关将纳税人可以享受的税收宽免编成纳税代码，用纳税代码代表纳税人可以享受的不同类型和数量的宽免额。如一位仅适用基本生计宽免额的纳税人，在2011—2012年度的纳税代码为747L（2011至2012年度个人基本生计宽免额为7 475英镑），表明他当年度的税收宽免额为7 475英镑，字母L代表宽免项目是个人宽免，数字747表示第四位尾数不超过10英镑而舍去为零。

而后，税务机关将"纳税代码通知单"送给纳税人查阅，经纳税人确认无误后，税务机关将纳税人的纳税代码卡和扣缴税款的纳税表送给其雇主，由雇主在每个付薪日自行计算出每个雇员的应纳税额，并代扣代缴税款。

当纳税年度终了后，每个雇主都必须将其雇员的纳税表连同雇员的工资和宽免等详细情况一并送到税务机关，由税务机关审核。如果纳税代码无需改变，第二年就可照旧进行税款扣缴。

英国的累计源泉扣缴制度优点很多，比如滚动累计计算全年代扣代缴的税款使得随着时间的推行，自动调整应纳税款和代扣代缴的税款之间的差距，最终使全年应纳税额和代扣代缴的税额相一致，避免了税款扣缴过多，要等到年度终了再退税的现象的发生。这样的做法，既不过多占用纳税人的资金，又能

---

① 财政部税收制度国际比较课题组. 英国税制 [M]. 北京：中国财政经济出版社，2000：64.

保证财政收入及时、足额入库；在不侵害国家税收利益的基础上彻底解决了无偿占用纳税人过多预缴税款的问题①。在操作层面上，制度的巧妙设计，使全年代扣代缴的税款近似等于应纳税款，而不需要纳税人每年填写纳税申报表，减少了纳税人的工作量，同时因雇主替税务机关处理了多数纳税事务，也降低了征税人的征管成本。纳税人代码制度，这个代码记载了纳税人可以享受的不同类型和数量的生计扣除，能够准确地反映纳税人在某一付薪日的具体宽免额，充分体现了量能纳税的公平原则。

2. 德国的税卡制度

德国工薪所得税卡是用来记录雇员的工资、薪金收入的缴纳税款情况的凭证，也是年终申报个人所得税的附件。

（1）税卡的申领

德国《个人所得税法》第三十九条规定，税卡的发放时间是每年9月20日起，凡在德国境内拥有住所或长期居住的雇员每年都会领到一张税卡，如果一个雇员在多个雇主处工作，可申领多个税卡。如果税卡遗失或损失，可颁发代用税卡。税卡发放以户籍所在地为准，对于结婚家庭来说，可以家庭所在地为准。

（2）税卡的分级制度

税卡上应登记雇员的税率等级，税收扣除额，18周岁以下子女免税金额以及延迟纳税额等事项。其中税率等级分为六级，反映了国家对纳税人的不同税负要求②。见表10-1。

表10-1　　　　　　　　德国的六级税卡分级制度

分级	适用者
I	未婚者、配偶死亡或离婚独身者和外国人虽有家庭但单身居住在德国的。
II	单亲带子女者且有免税额度的。
III	夫妻双方都是无限制纳税义务人且生活在一起。一方不涉及工资收入或双方都列入了五级税卡者。夫妻一方死亡，另一方在该年度曾与其共同生活的。夫妻双方在该年度没有持续分居但离婚的，且双方都是无限制纳税义务人。
IV	夫妻双方都是无限制纳税人，且共同生活都有工资收入（工资收入相当接近）。

---

① 万莹. 英国个人所得税源泉扣缴制度 [J]. 涉外税务，2007 (12).
② 汪学文. 德国个人所得税制度及其法律手段的调控 [J]. 德国研究，1997 (3).

表10-1(续)

分级	适用者
V	属于四级税的对象,但其一方愿申请三级税者。
VI	适用从事第二个以上职业,且在第二个以上的雇主处工作的。

(3) 税卡的使用

在确认雇佣关系时,雇员应在6个星期内向其雇主提交税卡,并由每月雇主代扣代缴个人所得税,年底返还给雇员作为申报个人所得税的附件。如果雇员取得收入低于最低纳税额,也需将税卡交存雇主,以备核查是否同时在多处工作。企业招工必须同时收留税卡,雇员无税卡,每月收入在325欧元以上者,为雇佣黑工,将受到法律的严厉制裁。另外,税卡也是与基本生活标准和福利制度相联系的依据,如果要申请社会福利就必须出示税务证明。如果平均低于社会基本生活标准的,国家福利局可以按照标准给予补贴。

(4) 制度优势

不同的税卡记载不同的税率等级,反映国家对纳税人的不同要求。如三级是所有个人所得税中最低的,其目的是为了平衡家庭收入少的情况,因为夫妻一方是没有收入的。而二级则是为了照顾单身抚养子女的生活困难户而给予一定的税负平衡。一级考虑到单身者的收入与消费水平要高于有家庭者,所以纳税额略高于夫妻双方所得平均水平。六级税负最重,其目的在于限制少数人在同一时间过多获得收益,如果获得多种收益则可通过税收手段加以调节。税卡制度有利于监管劳务市场,减少税收流失。在德国,人们自由流动找工作,如果没有税卡,对于某些流动性较大的收入或金额较小的收入,人们可以不纳税,税务机关也无法查对收入者的纳税情况和凭证,可能造成大量的税收流失。但采用了税卡制度后,凡有收入者需先行将税卡交给雇主,然后由雇主依法申报纳税,税务机关也可根据申报进行核查,以避免取得收入不纳税或取得多份收入仅就一份收入纳税的现象发生。

3. 法国的申报纳税和协商征税制度

(1) 法国的预填申报纳税

法国的申报纳税采取预填报税单方式,固定收入由税务局预先填好,纳税人只需核对数字是否准确。纳税人每年定期向税务机关递交载有个人收入和工资支付信息的申报表,税务机关据此确定申报人的应纳税额,并将注明净应纳税额和纳税期限的税收通知单送到申报人住所,由申报人到税务部门缴纳个人所得税。法国实行的个人所得税申报制度,纳税年度为公历年度。居民纳税人在年度终了后的第2年依法申报纳税,每年纳税期限会略有不同。经营收入必须于每年的3月31日前申报,工资等非经营收入应在5月31日前申报,但网上报税者的期限可以略长些。纳税人可以选择按月预缴或按季预缴税款,也可以年终一次性缴纳税款。

(2) 协商征税制度

该制度适用于纳税人不能正确申报其纳税收入的情况,纳税人定期向税务检察官提供记载着其雇用人员和助手的人数、支付的报酬、使用车辆数量以及房租等情况的申报表,由税务检察官确定纳税人的应税所得和应纳税额,纳税人则只需照章按期缴纳个人所在地的个人所得税额。

在法国,每一个纳税人有一个唯一的纳税人登记号码,纳税人的纳税信息均依此储存,纳税人和税务机关均可凭此号码查询,为了鼓励使用互联网,对于网上报税和付款的纳税人,政府给予抵免20欧元税款的优惠待遇。另外,法国的个人所得税课征模式有着服务型税收的特点,根据纳税人的不同情况设置了不同的课征办法,充分考虑了纳税人的需求,使纳税申报更加方便和人性化。这一课征模式在一定程度上减轻了纳税人进行纳税申报的负担。

4. 比利时的预收预缴及源泉扣缴制度

(1) 预收预缴制度

比利时的纳税年度从当年的1月1日到12月31日。对于受雇于企业的被雇佣纳税人员,每年的4月税务部门会把纳税申报表及详尽的填表说明寄到他们家中,纳税人在5月会收到并且必须在当年的6月30日以前把上一年度的所有收入如实申报,并通过邮局或亲自送至税务所,具体的提交截止日期视居民户口登记地以及税务部门寄出的具体日期而有所不同。比利时税务当局收到填写的纳税申报表后应在填写相关报税单那年后一年的6月30日前进行估价,根据计算机中储存的个人资料和相关信息(主要是企业代扣个人税收的相关信息)进行核查,税款多退少补,发回核税单,纳税人必须在两个月内结清应纳税额。个体经营个人将预估计的全年税款额平均分成四份,每三个月通过托收人或者托收银行向税务机关缴纳税款。

(2) 源泉扣缴制度

比利时法律规定,雇主必须从支付给雇员和董事的薪金中扣除职业代扣税。一般按月缴纳并发放工资。源泉扣缴制度和预收预缴制度是相辅相成的,个人预收预缴的部分实际上就是企业代个人源泉扣缴的所得税。之后个人再向税务机关纳税申报,税务机关审核对比企业已代扣代缴的个人已缴税款和根据个人提交的纳税申报表核算的需实际缴纳的税款后再对个人进行多退少补。一般来讲，纳税人代扣代缴的税款会略多于其年终申报的相应税款，以促进其主动申报纳税，退回其多交的税款。

比利时的税收征管制度较好地减少了税收流失。劳动所得所缴税收是企业在支付给雇员薪酬前便直接在源头代为扣缴的，这样便确保了工资所得税第一时间被收拢，之后个人填写申报单纳税申报，税务当局再多退少补。同样个体经营个人按预估计的全年税额预缴税款，也确保了税收及时入库，减少税收流失。并且，比利时注重简化纳税程序。比利时个人所得税对不动产所得以及部分动产所得和劳务所得征收预提税。动产所得的预提税主要是对股息和利息征收的。股息及来自储蓄债券、押金、债券和固定利息有价证券的所得在取得时就应计提动产所得预提税。这类所得在纳税时不必申报，从而简化纳税程序，减少征管成本。

5. 瑞典的税收代码制度

（1）税收代码制度

瑞典公民一出生就有一个10位数字的终身税务号码，此号码用于税务申报和一切经济活动。所有部门都要使用这个号码，而且管理严格，如果搬迁，一周内必须向税务机关申报。因此，税务机关可以通过税务号码掌握纳税人的一切经济活动、收入来源和财产状况。纳税人去世时，税务机关还要按照该纳税人的财产负债，征收遗产与赠予税，而后再核销其税务号码。瑞典公司申请成立时也有一个统一的税务号码。根据税务号码，税务机关可随时查阅纳税人的纳税情况。税务号码成为个人和企业生存的基础，银行开户、社会保险缴费等日常经济活动都需要税务号码。个人和企业的不良信息可通过税务号码查询得知。通过税务号码及时了解纳税人的经济变化情况，有利于税源监控。

（2）第三方信息制度和健全的纳税信用体系

第三方信息支持制度使得税务机关能够从第三方，如公司、行政事业单位和金融系统获取信息来对纳税人的个人所得税进行综合评估。瑞典有健全的纳税信用体系。通过纳税信用信息的档案化和公开化推动诚信纳税激励和税收失信惩罚制度机制的形成。

10.2.2 发达国家个人所得税征管方式

综合与分类个人所得税模式在欧洲部分国家已施行多年，这些国家在长期的税收实践中形成了较为完善的个人所得税征管制度，积累了许多征管上的先进经验。因此，研究欧洲的混合型个人所得税制度下的税收征管对我国厘清个人所得税制度改革的思路和研究混合型个人所得税在我国的可行性具有重要的现实意义和借鉴作用。

在欧洲实行综合与分类个人所得税制度的国家中,其税收征收方式主要有源泉扣缴制度和预缴制度两种;在征收工薪收入、利息、股息等收入时,基本上都是源泉扣缴制度,由雇主或收入支付人在发放收入时代扣代缴,同时向税务机关申报缴纳;而在对个人企业主、自由职业者的收入征税时,则要求其在取得应税收入前进行预缴。

1. 源泉扣缴

源泉扣缴制度是指所得税采用从源征收的方法,即在支付收入时,由支付单位依据税法规定,对其负责支付的收入项目代扣代缴所得税税款。由于源泉课征法控制了收入源泉,不直接与纳税人接触,所以具有特殊优点。①能够控制税源,减少逃避和拖欠。②稽征手续简便,节省稽征费用。③可以针对所得来源性质实行不同税率。④由于不需要纳税人直接申报和纳税,对纳税人无心理压力。⑤支付发生时即扣税款,避免累积致使最终纳税人发生纳税困难。⑥代扣者处于中介地位,利益冲突少,容易做到公允。

个人所得税的源泉扣缴制度有两种形式,即累进制和非累进制。

(1) 累进源泉扣缴制度

累进源泉扣缴制度是将纳税人在本纳税年度取得的工资、薪金总额和宽免额累计计算,从而任何一期的扣缴纳税取决于本纳税年度初起到本期为止的收入数额。其征管程序为:雇员首先向雇主提供自己可以享受的各种权利的详细信息;然后雇主根据雇员享受的各种权利,依据雇员年度内累计实现的收入和可扣除费用,计算出累计应税所得和应纳税款;最后用累计应纳税款减去以前各期已经缴纳的税款,确定本期应该扣缴的税款。

这种制度的运行可以熨平各期收入的波动,自动将全年扣代缴税额与应纳税额调整一致。这样会带来两个好处:首先,避免出现扣缴税款超过应纳税额,进而进行年终退税的情况,既保证了财政收入的均衡,又不过多占用纳税人资金;其次,如果某雇员仅从一处取得劳动所得,雇主全年扣缴的税款基本上等于纳税人年度应缴纳的税款,那么他不需要进行税务登记并在年底进行自行申报,雇主会按年或分期向税务机关报送其向雇员支付的所得和扣缴税款等方面的信息,不仅降低了纳税人的纳税成本,也降低了征管成本。不过,纳税人不需每年进行纳税申报的"硬币的另一面"就是他可能不会主动申报那些临时性所得和偶然所得的收入,造成部分税款流失;也不清楚自己到底享受什么权利,有多少扣除。实行累进源泉扣缴的国家有英国、奥地利、意大利等。

(2) 非累进源泉扣缴

非累进源泉扣缴是通过雇主对雇员在每一期取得的工资或薪金所得，分别计算并扣缴所得税税款。其征管程序是：雇员首先向雇主提供自己可以享受的各种权利的信息，以便雇主在确定应扣缴税款时给予扣除；然后，雇主基于一个期间（不具有累进性）计算应扣缴的税款；最后，在年度结束后，雇主向雇员提供年度内累计支付的各种所得和已扣缴税款资料，同时提交一份给税务局，税务局据此计算纳税人应缴纳的全部税款，并以此确定是向纳税人退税还是纳税人补缴税款

在这种征管模式下，纳税人须进行税务登记，并在年度终了时自行办理纳税申报。每年进行纳税申报的好处是，税务局可以将雇主或其他支付方提供的信息与雇员纳税申报表进行比较，以便找出纳税人隐瞒的所得和未申报纳税人，并确认纳税人申请抵免的预缴税款能否给予扣除，最大限度地保证税收收入的完整性；但同时也给纳税人和税务机关带来更多的工作量。另外，非累进源泉扣缴和累进源泉扣缴相比，一定程度上占用了纳税人的资金，增加了纳税人的遵从成本。目前，实行非累进源泉扣缴的国家主要有美国、加拿大、澳大利亚等。

2. 预填申报

预填申报制度主要被瑞典、挪威、丹麦和芬兰四个北欧国家采用。这种制度的特点是：雇员首先需要在税务局办理税务登记，然后将自己的纳税代码和可以享受的各种权利提供给雇主或法律规定的其他有义务向税务局报送信息的第三方（第三方在某些情况下需要扣缴税款）。雇主在向雇员支付薪金时，会基于一个固定纳税期间（不具有累计性），计算并扣缴雇员应预缴的税款，然后及时向税务局解缴。

在财政年度结束后的两三个月内，税务局会通过计算机系统对接收到的所有纳税人的信息进行处理，并据此生成纳税人申报表，包括纳税人取得的所得、已经缴纳的税款和应补（退）税款等信息，然后以固定格式发给纳税人进行确认。纳税人通过对表中信息进行核实，认为需要进行修改的，应及时向税务局报告，税务局会定期将纳税人多缴的税款返还给纳税人。

比如，丹麦税法就规定，纳税人必须在纳税年度前一年的 10 月，预报下一年度的个人所得情况，税务部门根据纳税人的预报情况制定纳税人的纳税卡片，然后将卡片传递给代扣代缴单位或是基层税务征收单位，这些单位便据其代扣代缴或征收税款。如果纳税人不进行预申报，则代扣代缴或征收单位按照纳税人收入总额的 60% 扣税；如果纳税人提供的预申报情况与其实际所得或税

务部门掌握的所得情况不符，则实行多退少补（其中补税按 8% 收取利息，退税按 5% 支付利息）。

3. 完全自行申报

所有 OECD 成员国的税法都规定了自行纳税申报制度。自行纳税申报包括日常自行申报和年终综合申报两类。

日常自行申报主要是对不适用源泉扣缴的所得规定的申报制度，所有 OECD 成员国均采用了这种制度。

年终综合申报主要是根据纳税人年度综合收入计算纳税，以弥补源泉扣缴和日常自行申报的不足。不同国家对年终综合申报的规定有所不同，在 OECD 成员国中，澳大利亚、美国、加拿大等 10 个成员国规定，纳税人必须进行年度综合申报；英国、奥地利、意大利等 16 个成员国规定，纳税人满足一定条件的，可不进行年度综合申报；挪威、芬兰、丹麦、瑞典 4 个成员国实行预填申报制度，预填申报制度可视为介于申报与不申报之间的一种折中的申报制度。各国自行申报制度安排与工薪所得源泉扣缴制度紧密相连。实行累计源泉扣缴的国家，如英国、奥地利、意大利，源泉扣缴的税款基本上等于年终综合申报应缴纳的税款，纳税人年终自行申报意义不大，因此这些国家规定，满足一定条件的纳税人年底可不进行综合申报。实行非累计源泉扣缴或不实行源泉扣缴的国家，年底综合申报具有多退少补功能，因此纳税人必须进行自行申报。

10.2.3 欧美国家个人所得税征管经验评述

1. 完善的税源监控体系

强化源泉扣缴制度。在所有 OECD 国家中，除法国和瑞士外，其他国家的工薪所得均采用源泉扣缴；22 个国家的股息所得和 21 个国家的利息所得也采取这种方式。源泉扣缴的好处在于税款支付与现有收入水平联系起来，保证税款及时入库，同时也可以有效控制税源，防止漏税。

支付方信息申报是法定义务。所有的 OECD 国家都规定了工资薪金所得支付方有信息申报的义务（包括不对工资薪金进行源泉扣缴的国家）；除个别国家外，OECD 国家都规定了股息支付方和利息支付方的信息申报义务；还有部分国家对独立个人劳务所得和资本利得实行支付方信息申报。

较少现金交易。基于制度和习惯的原因，在西方国家，交易多采用转账的方式进行结算，只有少部分现金交易独立于金融体系之外，这使税务机关能更全面地监控个人收入，避免税款流失。

2. 发达的信息管理体系

在信息技术不断成熟的今天，不少国家已经将其运用到税收的征管中，在欧洲的许多国家都建立起了税收信息中心，发达的信息管理体系涵盖了税源监控、纳税申报、税款征收、违法处罚等全过程。税务部门通过与相关部门如银行、海关等的交互信息平台可以准确掌握纳税人的收入情况，并对其进行监督。

首先，欧洲各国普遍推行了税收代码制度，每个国家根据不同的情况选择一种社会编码作为纳税人的税务代码。例如，丹麦、挪威采用个人身份号码；芬兰、瑞典采用社会保险号和个人增值税纳税号。税务代码中包含了纳税人的基础信息，如名字、住址、生日等，有的还与第三方交换信息相匹配，便于进行信息交叉稽核。

其次，欧洲各国普遍通过电子申报手段进行个税的信息管理。各国给纳税人通过电子申报纳税提供各种优惠或便利条件，如奥地利等国对电子申报给予申报时限延长的优惠。为减轻纳税人负担，预填申报制度已经成为各国个人所得税申报的重要趋势。芬兰采用电子方式从第三方收集信息，发放预填申报表给纳税人，纳税人可以纠正申报表上的错误，再通过邮寄或电子方式返回。丹麦从2008年开始实现了电子预填申报制度，税务部门根据自己掌握的税收信息和从第三方收集到的税收信息，预先填报纳税人收入及税款表并通过网络传给纳税人。德国通过为纳税人提供免费的、统一的申报软件，加快了申报的速度和质量，纳税人还可以通过电子邮件或委托税务代理机构进行申报，其电子申报率超过90%。

另外，欧洲各国还普遍推行第三方信息报告制度。例如，英国、德国等国家的税法都明确规定哪些单位和个人负有向税务机关报告信息的义务、报告何种信息以及对不提供信息者给予何种处罚。这种第三方信息制度加大了税务机关的信息来源，减少了因为信息不对称所带来的偷逃税。如瑞典、挪威、丹麦和芬兰4个北欧国家所采用的预填申报制度，雇员办理税务登记后，将自己纳税代码和可以享受的各种权利提供给雇主或法律规定的其他有义务向税务局报送自己信息的第三方，雇主或第三方必须根据相关规定向税务部门提供信息。综观个人所得税征管工作做得较好的国家，基本上实现了税务机关与其他相关部门的联网。

3. 良好的税收服务体系

随着服务型税收理念的逐步推广，许多国家都开始重视税收服务体系的建设，这也为纳税人准确纳税提供了便利。各国一般都设置专门的纳税服务部门并配以较多的人、财、物力资源。从机构设置来看，法国、爱尔兰、英国、美国等国都设有专门针对个人纳税人的税务管理部门。如法国财政部设有部级调解员和国家调解员，各省也设有税务委员会接受纳税人的申诉。澳大利亚联邦税务局还设立了相对独立的投诉服务部。从人力配备来看，纳税服务人员占全部税务人员比重在60%以上的国家有葡萄牙和冰岛，大部分国家这一比重超过了10%。

并且，大多数国家都为方便纳税人提供了各种人性化的服务。比如，法国的税务机关就为纳税人提供了一系列优质的纳税服务：①提供免费电话咨询服务，保证48小时内答复；②保证30日内对纳税人的普通邮件予以答复，48小时内对电子邮件做出答复；③税务机关对公众开放，每日接待纳税人，由被告知身份和姓名的税务人员负责处理纳税人提出的问题；④纳税人可以在政府税收网站上获得纳税信息，进行申报纳税、缴纳税款，并可以查询申报表和税款缴纳通知书等；⑤实行"适度执行税法"措施，处理好税务机关与纳税人的关系；⑥进行纳税宣传，提醒纳税人申报，提供申报纳税帮助等。

4. 严密的双向申报制度和交叉稽核制度

严密的双向申报制度。这是指，一方面，支付个人收入的雇主必须履行税款预扣义务；另一方面，纳税人必须自行申报其全年的各项收入。预扣制度是OECD国家个人所得税征管中的重要制度。原则上，雇员的各种收入都由雇主预扣。根据美国法律，预扣是收入支付者的义务，必须有效履行，如果没有预扣税款，将承担法律责任及相应的罚款，而税务机关对预扣者并不支付报酬。纳税人的自行申报包括两部分。一是预缴申报。凡没有扣缴义务人的所得均由纳税人自行估算并分期缴纳税款，如自由职业者，取得转让资产所得、退休金所得以及社会保障金所得的纳税人，都应在纳税年度开始时就本年度总所得进行估算，并在一年中按估算额分4期预缴税款。二是年终汇总申报。年度终了，不管收入多少，纳税人都必须在规定的申报期内进行汇总申报，将其所有收入填入相应的纳税申报表中，并通过网络申报、邮寄申报、电话申报等多种方式向税务机关申报。在进行年终汇总申报时，对于由雇主预扣缴纳的税款和自行预缴的税款可从全年应缴纳的税款中扣除，实行多退少补。由于预扣的制度，年终汇算清缴后，大量纳税人会出现多缴税款的情况，税务机关对多缴部分给予退税或留待下期抵缴。

严密的交叉稽核制度。为了保证纳税申报的真实性，防止偷税，欧洲国家的税务机关大多都依托信息化，建立起了严密的交叉稽核制度。其相关税务机关首先通过强大的计算机系统，将从银行、海关、卫生等部门搜集的纳税人信息集中在纳税人的税务代码之下,再与纳税人自行申报的信息、雇主预扣申报的信息进行比对和交叉稽核。交叉稽核采取人机结合的方式进行,稽核软件可以实现自动比对,并对异常情况进行报告。比对没有问题,并不表明纳税人申报准确,稽核软件还要对纳税人的各项数据进行测算,并与设定的各项指标进行对比,对申报表进一步进行分类和选择。对于申报异常的,进行重点稽核。

5. 有效的激励与惩罚机制

激励措施。在激励措施上,各国或者采用全额主动申报纳税的纳税人可以申请退税,或者采用全额主动申报纳税的纳税人可以申请减免税,或者采用全额主动申报纳税的纳税人奖励,或者采用将自行申报纳税与本国的社会福利制度挂钩等,这些措施都在符合本国国情的基础上,调动了纳税人的申报积极性,使其主动申报纳税。

惩罚机制。各国主要针对个人所得税纳税人不能按时填报申报表、不能正确报告纳税义务和不能按期缴纳税款三种情况进行处罚。对于不能按时填报申报表的纳税人,有的国家是按所得或应纳税额的比例进行罚款,如挪威;有的国家则根据延迟期的长短收取应纳税款的一定比例,如丹麦、希腊等。对于不能正确报告纳税义务的行为,视情节轻重实施不同程度的处罚,对于轻微的触犯,一般罚所逃税款的 10%～30%;对于情节严重的,一般罚所逃税款的 40%～100%。对于不能按期缴纳税款的行为,所有国家都要求支付利息,各国规定的利息率和征收时间都有所不同,爱尔兰等国按日征收,意大利等国则按年征收。

10.3 我国个人所得税扣缴与申报制度设想

从欧美主要国家个人所得税征管实践借鉴看,即使在实行综合申报制度的国家,源泉扣缴和预扣税款也是非常重要的措施,甚至大部分税收(如美国近70%)是通过源泉扣缴方式实现的。

1. 预扣税款

支付个人收入的单位和个人,在支付个人收入的同时,不论是综合所得还是分类所得,都应按规定比例预扣税款,并于次月15日前向主管税务机关缴纳。支付单位和个人需要向税务机关办理全员全额明细申报。

在预扣税款方式下,预扣率是一个非常重要的指标。预扣税款过多,不仅占用纳税人的资金,税务机关在年度终了后纳税人办理税款清算时会出现大量退税，增加税务机构工作量；预扣率过低，不利于筹集财政收入，并且补交税款的情形可能导致收不到税，形成税收流失。对综合所得的预扣率可以确定一个比例，根据清算情况综合计算后适时调整，改革前期比例可以适当提高，以利于培养纳税意识。按照费用扣除设计，支付单位在对综合所得预扣税款时，基本扣除和社会保障费容易掌握，但纳税人负担人口数量、教育支出、医疗支出、房租和利息支出等需在年终税款清算时计算。对综合所得的预扣率可设定在70%至80%为宜。分类所得预扣率设置相对简单，即实行100%预扣。

2. 年终清算

纳税人在各月度取得收入时向税务局申报和预缴个人所得税税金，在纳税年度末时，如年度终了5个月内，对日常申报和累计征收予以汇算，补（退）税等。在年度纳税申报表中，纳税人应填列相关附列资料，包括家庭成员其他纳税人的基础信息和收入情况、家庭负担人员情况等，便于税务机关比对和稽核。

年度纳税申报表的设计，不仅要有纳税人的基础信息、收入状况、预扣税款情况，还需填列纳税人的全年全部所得、基本扣除、分项扣除等情况，尤其是对于大额医疗支出、个人和子女教育费支出、首次购房贷款利息支出和公益性捐赠的特许扣除支出，应该填列专业表格并提供合法凭证，由税务机关确定全年应纳税所得额，计算全年应交税款，减除已扣税款，即计算得出应补应退税额。对于应退税额，还可借鉴国外经验，可以采取自愿原则，将纳税人多缴纳税款（应计算利息），在下一年度应缴纳税款中冲抵，以简化征管成本。此外，还应该有简并申报。对分项扣除选择简易扣除的纳税人，在年终清算时可选择简并申报方式，同样需要报送纳税人及家庭成员的相关个人信息。

3. 方便灵活的申报方式

税务部门可以考虑开展上门申报、网上申报、邮寄申报和委托代理申报等多元化申报方式。除了申报便捷以外，各国在税务实践中还有很多方便灵活的征管方式值得借鉴。如申报表的分色管理。比如对于规范申报的纳税人采取蓝色申报，并享受一定的扣除优惠；对普通纳税人采取白色申报管理，严格要求，稽查概率较高。如瑞典和台湾，目前采取一种预申报制度，这种制度介于申报和不申报之间，规定申报表格由税务机关完成，纳税人只需核实税务局相关信息的准确性，减少纳税人的遵从成本。而法国为了减少征管成本，鼓励网上申报，对于网上报税和付款的纳税人，政府给予20欧元的税收抵免。

10.4 综合与分类税制实施机制的建设条件

综合与分类税制的改革必然存在年底综合申报与清算，且必将拥有个人纳税识别号，需要纳税人个人与家庭的基础资料，纳税人在全国各地的源泉扣缴信息、第三方申报信息、退补税信息、税源管理信息以及契税、房产税、车船税等信息统一集中到一个纳税账户中，以便税务部门利用全面信息进行税源管理和税务检查。目前我国的税务征管系统主要面向企业纳税人设计，各类自然人纳税人的信息相对分散，且不能实现区域共享，远不能满足个人所得税年度综合申报和清算要求，所以，首要的，我们应该建立基础数据与信息管理平台。

10.4.1 税务局的基础数据与信息管理平台建设

1. 建立全国个人征管信息平台和统一税号制度

（1）建立全国统一的自然人数据库

2005 年，为加强和规范税务机关对个人所得税的征收管理工作，提高个人所得税征收管理质量和效率，国家税务总局制定了《个人所得税管理办法》，明确提出税务机关"对每个纳税人的个人基本信息、收入和纳税信息以及相关信息建立档案，并实施对其的动态管理"以及"逐步在省以下（含省级）各级税务机关的管理部门应当按照规定逐步对每个纳税人建立收入和纳税档案，实施'一户式'的动态管理，其一般雇员纳税人信息包括姓名、身份证照类型、身份证照号码、学历、职业、职务、电子邮箱地址、有效联系电话、有效通信地址、邮政编码、户籍所在地、扣缴义务人编码、是否重点纳税人等"。但现实的情况是，目前个人所得税的数据库仍以省为单位自行建立，全国没有实现统一；大部分地方仍然以扣缴义务人为基本单位，对自然人数据仅提供简单的查询和统计功能；数据库的信息资料不完整，仅有个人的身份证号、工作单位以及收入等基本信息，家庭信息没有纳入；联系方式以登记的手机号码为主，并且对大部分自然人的手机号码没有进行采集，或者采集后没有进行更新。在个人所得税改革的背景下，不仅纳税人众多，而且需要接收申报，办理大量的补税和退税，对纳税人申报信息和第三方信息进行比对、接收、利用等，都需要进行大量的数据处理。在此情况下，传统的手工操作难以继续，必须依靠科技手段。

（2）建立每人一个纳税识别号

就目前来讲，第二代身份证号码是中国居民个人出生即可拥有的，而且是中国国境内终生保持不变的唯一号码，众多专家、学者普遍认为可将个人身份证号码作为个人所得税档案号码，即税务档案号为居民个人的纳税代码。雇员和雇主确定雇佣关系时，即向税务局报备该个人的税务档案号，纳税人的信息直接纳入数据库管理而不能轻易改动，税务局通过税务档案号码就可以在信息库直接掌握纳税人的收入等相关个人基本信息。建立全国统一的以居民身份证为基础的公民统一社会代码制度，将个人收入、支出、清算税款、财产、家庭成员信息、金融投资信息、福利与社会保障、住房公积金信息等内容都纳入自然人数据库管理，提高信息资源的集中度和利用效率，为税务机关征管、稽核提供有力支撑。这些措施的执行将会提高纳税人的税收遵从度。对于非居民个人，由于考虑到其护照号码可能经常变动，建议用其母国的身份证件号码为基础，并辅以中国境内的编码规则进行统一管理。

（3）推行全国统一的个人所得税征管系统

目前，还有很多省份用的是自己开发的个人所得税征管系统，我国的个人所得税是共享税，由中央和地方按照60%和40%的比例分成，并由地税部门负责征收。实行综合与分类税制的改革，可能会产生新的挑战，比如地方政府之间的利益斗争。例如某纳税人同时在北京、成都取得收入，在分类税制下，纳税人收入属地缴纳，没有争议。但在综合和分类相结合的税制下，问题显现。纳税申报通常按照属人主义原则，在纳税人的户籍所在地申报，但税款通常按照属地主义原则分属于北京、成都两地。这便要求纳税人在异地收入及纳税信息需到户籍所在地汇总，但是由于税款的缴纳不改变各行政区域的归属，如果未能具备相应的信息平台，那么纳税信息的缴纳、汇总、稽核工作都很难完成。此外，如果出现退税，由哪方进行退税处理会出现新的矛盾。所以，首要是完善金税工程的个人所得税征管系统，在全国统一的强制使用，并使得这一系统能够在各省之间接受、导入、分解、传递和核算相关的纳税信息。个税清缴退税系统将是个税征管平台的重要子系统，在退税方面，首先应该是为了方便纳税人，纳税人可以在任何地点进行退税，退税资金来源可以考虑中央、地方之间按比例退税，也可以考虑完全由中央财政全额负担，这样有利于保护地方办理退税的积极性。对于清缴欠税问题，综合税制下纳税人年终清缴一定存在部分自然人补税的情形，这必然大大增加了税务机关的工作量，除了在征管法上明确属地税务机关对个人实施税收保全和税收强制以外，还可以考虑借鉴台湾的做法，对恶意欠税的可以直接移送法院强制执行。

2. 建立财产申报制度和申报资料交叉稽核系统

建立个人财产登记制度，涵盖不动产、股权、债券、专利技术等，将纳税人的财产收入显性化，减少灰色收入生存空间。在申报收入的同时对个人和家庭财产申报情况进行交叉稽核，以此核实纳税人申报收入和纳税情况的真实性。

从2007年起，我国开始对年收入12万元以上的纳税人，有两处以上收入的纳税人，有来源于国外收入的纳税人以及取得收入、没有扣缴义务人的纳税人实行个人自行申报制度。然而，8年过去了，税务机关在管理上却始终没有能力对每年进行申报的几百万份申报表进行一一审核，因而也无法识别总体的申报质量和每一个申报个体中存在的申报错漏，不准确申报表若不能被查出予以纠正，申报人数不足、遵从度不高等申报流于形式的问题自然将比较突出。在目前申报与汇算清缴不直接挂钩的情况下，个人申报对税源管理的影响并不十分突出，若下一步实行综合与分类相结合税制改革，要求根据个人申报情况进行年终汇算清缴，对个人纳税申报表审核就是一个重要的问题，甚至可以说对申报表有效审核关系到个人所得税改革的成败。海量的申报表靠人工操作是无法有效实现的，必须建立一套纳税信息的自动比对（交叉稽核）及处理系统。这套系统能够进行数据自动化处理，承担独立的比对、审核和结果显示。税务机关根据自动比对系统查处的申报中的重大差异等个案再进行人工比对与稽查。

3. 建立纳税人家庭成员识别系统

关于建立纳税人单一纳税号码或档案号制度，人们基本没有异议。但如果实行综合与分类相结合的税制，仅建立纳税人号码制度可能就不够了，若实行纳税申报制度，并且允许按人口进行生计扣除，显然应确立家庭成员系统的基本信息，即被抚养人的纳税识别号码制度，以避免家庭成员的生计被重复扣除。由于家庭成员情况的多变性（结婚、离婚、生子、子女就业、父母过世等），个人所得税申报制度要求更高水平的家庭成员识别系统，才能保证申报制度的全面建立和良好实施，保证个人所得税改革的全面完成。

4. 建立纳税申报服务体系

做好纳税申报服务工作，是新税制顺利实施的重要环节。除了进行必要的宣传、咨询、辅导外，还需要建立相关的信息查询系统。以便纳税人能够方便地查询及确认本人与缴税款的相关信息，提高纳税申报的准确性。此外，也可考虑通过政府扶持，由税务代理机构提供纳税申报的服务和网络交税系统。如我们对成都市居民进行的调查问卷显示，居民认为收到税务局对个人单独的纳税申报提醒制度和税务局在具体申报方面为纳税人提供帮助将会改善他们纳税申报意愿和自觉性,个税税收制度更加合理、纳税诚信进入个人征信体系、公共产品与服务的改善也能提高税收遵从。当然,调查结果也显示出,用税务审计和严格的税务处罚的方式来提高申报效率是纳税人最后的选择。

5. 实现以银行为核心的第三方个人收入信息采集共享制

与其他税种相比,个人所得税的征收管理更依赖其他部门信息支撑,特别是在综合税制下,如果没有银行部门及其他相关部门的支持,税款的清结算将沦为空谈。以此为核心,同时健全房产、国土、海关、工商、劳务管理、出入境管理、文化管理、驻外机构以及公检法等第三方部门向税务部门提供有关人员经济往来和收入情况信息的制度等收入信息采集共享制度,通过计算机系统使得部分常规数据能够自动转入税务局,以便税务局能够全面掌握个人金融资产、房地产、汽车等重要资产信息以及股票、债券等金融财产信息,便于税务机关掌握纳税人存量财产状况。充分发挥政府部门和社会各界的协税护税作用,比如在核实纳税人负担人数等相关信息时,必须依靠基层组织特别是社区街道办事处的积极作用,建立社会各界的协税护税机制,形成综合治税合力。

6. 推进货币电子化,改革现金管理制度

中国推行的个人存款账户实名制为个人资产登记制度奠定了基础,不过在个人存款实名制度的基础上,应改革现行现金管理制度,提升货币结算电子化覆盖范围。货币的电子化是个人所得税制度改革最重要的配套措施之一。存款实名制和货币电子化不但有利于对个人收支监控,对腐败以及灰色收入等社会问题也有极大的抑制作用。以货币的电子化为核心的"金卡"工程进展缓慢,税务机关对现金收支无法监控,金税工程的实效也受到极大的削弱。为此,必须改革和完善现金管理制度,进一步加强现金管理,杜绝大额现金支付,实行名副其实的存款实名制、货币电子化、现金支票化等,从根本上明晰个人财产。

10.4.2 其他相关制度建设

1. 将个人所得税诚信信用记录纳入纳税个人征信体系

应考虑将个人纳税诚信记录纳入个人信用档案管理,对个人信用级别的评定产生一定的影响。根据中国人民银行网站信息,截至2007年年底,央行征信系统已为近6亿自然人建立了信用档案,个人信用档案除采集在银行的信贷信息外,个人参加社会保障信息、个人住房公积金信息、电信用户缴费信息等均被收录在内。将个人纳税记录也纳入个税征信系统管理,有助于纳税人的税务遵从度的提高,并也有助于提高政府部门的公共管理和行政执法水平。

2. 提高财政支出透明度和纳税服务水平

加拿大在1993年的《税收指南》中对于联邦政府征收个人所得税1加元的分配是这样论述的：26分用于支付老年金和失业金，24分用于支付财政债务，17分用于了联邦政府的转移支付（到地方财政），13分用于联邦政府的日常活动，7分用于国防，8分用于社会活动，2分用于对外援助，3分用于其他方面。①

在我国，财政支出并不透明，财政预决算数据也非普通老百姓可以看懂，纳税人权利长期以来未受到应有的重视是不争的事实，最简单、最直接地表现在"税单"上。

按照现行税收征管法规定，个人所得税完税凭证主要有两大类：一类是扣缴义务人代扣代缴个人所得税税款时，诸如工资薪酬、劳务报酬、房屋租金等，依纳税人要求开具的代扣、代收税款凭证；二是个体工商户、合伙企业等自行纳税申报人申报缴税时，应该由主管地税机关开具通用完税证或通用缴款书。但是，现实并非如此，正如北京市华远集团总裁任志强2004年在"中国财税论坛"上坦言自己因为没有收到税票所以并不知道自己交了多少税。任志强的这段话代表着绝大多数纳税人的心声，与此相应，在发达国家，税单是个人职业生涯中最重要的文件。而开具完税凭证不仅是现代社会中征税方遵从基本契约的表现，更是对纳税人权利重视的体现。基于此，即使对全面开具完税凭证存在争议，但是澳门在2007年依然给70万人发放了完税证明，其中对71名只缴纳了1分钱税款的纳税人②亦不例外，以示其对纳税人的尊重。据国家税务总局统计，全国来看北京、上海、天津、大连等省市开具个人所得税税单数量较多，但是初次办理手续往往比较麻烦，各类税单开具困难新闻层出不穷，纳税人有权知道个人具体交税数额并获得支付凭据。提高财政透明度和提高纳税服务水平，在尊重纳税人，增强纳税责任的意识的同时，纳税遵从度也必将得以提升。

3. 发展和规范税务代理中介服务

目前个人所得税税务代理申报多数面向一些在华任职的外籍人士和企业高管，与发达国家的税务代理存在较大的差距。由于市场经济下收入来源渠道的多样性和复杂性，个人所得税的申报必然走向市场化，走向税务专业服务。规范的税务代理中介有利于解决个人申报的时间、精力以及专业化能力问题，何

---

① 吴昌福. 加拿大个人所得税征管及对我国的启示 [J]. 税务研究，1996 (1).
② 缴1分钱税，厦门71人拿到完税证明 [N]. 中国税务报，2007-03-05.

况个人所得税制度的复杂性决定了纳税人仅靠自身的力量可能无法正确计算应纳税额，而税务机关纳税服务有限，大量的涉税事项需要走向市场，走向专业服务。我国的税务代理机构经过多年的发展虽然已经有了一定的规模，但是中介机构数量和服务的质量仍然不能满足纳税人的需求，税务代理行业自身还存在许多不规范的地方，需要进一步改进、完善和发展，才能帮纳税人做好个税缴纳和申报的税务代理与顾问业务。

10.4.3 个人所得税征管制度改革

现行《中华人民共和国税收征管法》规定的税收保全和强制措施主要适用于生产经营纳税人，不适用于缴纳个人所得税自然人及其家庭成员，同时对涉税第三方信息获取没有明确的强制规定和处罚措施，这必然软化了个人所得税的征管。2014年年底，财政部、国家税务总局下发了《中华人民共和国税收征收管理法修订草案（征求意见稿）》（以下简称《征求意见稿》），删除了现行《中华人民共和国税收征管法》第三十七条、第三十八条、第四十条"从事生产、经营的"表述，即将税收保全和强制执行扩大适用于自然人，针对自然人纳税人增加了税收保全、强制执行制度。另外，《征求意见稿》第七十四条规定："纳税人未按照规定的期限缴纳税款，税务机关责令限期缴纳后仍未缴纳的，经设区的市、自治州以上税务局（分局）局长批准，税务机关可以以纳税人欠缴税款为限，对其不动产设定优先受偿权，并通知产权登记部门予以登记。"该规定借鉴了欧美国家的留置权制度，即纳税人因故意或者过失，不能履行纳税义务时，税务机关有权针对纳税义务人的某一不动产，设置税收保障受偿权，在纳税人处置时优先受偿。这些制度的建立，有利于推进个人所得税改革。本质上是将自然人全面纳入了我国税收征管的范围，并且在自然人出现逃避税时，有了强制执法的法律依据，弥补了多年来个人所得税征管方面的空白，新税收征管法若在全国人民代表大会得以顺利通过，对综合与分类个人所得税制度改革是至关重要的保障措施。

任何对税制公平的保障，都受到税收征管条件和税收环境，以及税收文化的限制。调节收入分配的税收制度是一个宏观调控体系，除了个人所得税以外，对奢侈品等征收的消费税，对财富存量征收的财产税也作为对个人所得税调控手段在流通环节和财富持有环节的有力的补充，共同起到再分配的作用。而目前基于收入分配的个人所得税的定位、制度设计和实施保障，是一个系统化的工程，值得深入探究。

附 录

居民收入分配与个人所得税调节问卷调查表（成都市区）

性别（男，女）　　年龄（　　）

1. 您是否感受到了较大的贫富差距？（　　）

　　A．差距合理　B．差距较小　C．差距较大　D．差距很严重　E．没感觉，不清楚

2. 您对中国目前的个人所得税制度在贫富差距调节方面是否满意？（　　）

　　A．很不满意　　　　B．不满意　　　　C．基本满意

　　D．比较满意　　　　E．很满意　　　　F．没感觉，不清楚

3. 您认为，目前个人所得税（　　）？

　　A．轻　　　　　　　B．重

子卷一　家庭成员负担

您家里有几口人？（　　）

　　A. 1　　　B. 2　　　C. 3~4人　　　D. 5人以上

4. 您家里正在工作的人口是多少？（　　）

　　A. 1　　　B. 2　　　C. 3　　　　　D. 4人以上

5. 您家里需要直接供养的子女是几人？（　　）

　　A. 0　　　B. 1　　　C. 2　　　　　D. 3人以上

6. 您是否和父母（祖父母）一起居住，他们的人数是（　　）。

　　A. 0　　　B. 1　　　C. 2　　　　　D. 3人以上

7. 您是否有需要负担的兄弟姐妹以及其他需要赡养的人，他们的人数是（　　）。

A. 0 　　　　　B. 1 　　　　　C. 2 　　　　　　　D. 3 人以上

8. 您和您的家人（成年人）是否都参加了社会基本养老保险？（　　）

A. 都参加 　　　　　　　　B. 部分参加

C. 都未参加 　　　　　　　D. 不清楚

子卷二　家庭支出

1. 您家庭一年的生活必须开支（吃＼穿＼行）费用为（　　）。

A. 10 000 元以下 　　　　　B. 10 000~25 000 元

C. 25 000~50 000 元 　　　 D. 50 000~80 000 元

E. 80 000 元以上

2. 您家住房每月支出（租房或者按揭还款）为（　　）。

A. 0 元 　　　　B. 500 元以下

C. 500 元~1 200 元 　　　　D. 1 200 元以上~2 000 元

E. 2 000 元以上

3. 小孩一年的教育支出（含各类培训费用）为（　　）。

A. 2 000 元以下 　　　　　 B. 2 000~5 000 元

C. 5 000~10 000 元 　　　　D. 10 000 元以上

4. 一年赡养父母（祖父母）需要支付赡养费用为（　　）。

A. 2 000 元以下 　　　　　 B. 2 000~5 000 元

C. 5 000~10 000 元 　　　　D. 10 000 元以上

5. 您是否具有需要长期抚养或者辅助的其他家庭成员，比如残疾的兄弟姐妹，一年需要支付的费用是（　　）。

A. 2 000 元以下 　　　　　 B. 2 000~5 000 元

C. 5 000~10 000 元 　　　　D. 10 000 元以上

6. 过去三年对自己的继续深造或者再培训的平均支出是（　　）。

A. 2 000 元以下 　　　　　 B. 2 000~5 000 元

C. 5 000~10 000 元 　　　　D. 10 000 元以上

7. 在过去的一年中，您家在医疗上扣除保险赔偿外，自己支付的医疗费用是（　　）。

A. 2 000 元以下 　　　　　 B. 2 000~5 000 元

C. 5 000~10 000 元 　　　　D. 10 000 元以上

子卷三　收入与税收负担

1. 你目前的收入情况是（　　）。

   A. 月光型,仅够每个月开支

   B. 储蓄型,有多余的收入都存在银行

   C. 投资型,多余的收入都投入股市或者炒房,或者其他生意

   D. 稳健型,储蓄和投资兼顾

2. 您家庭总收入一年在（　　）。

   A. 40 000 元以下　　　　　　B. 40 000~100 000 元

   C. 100 000 元~200 000 元　　D. 200 000 元以上

3. 您个人的年收入所得为（　　）。

   A. 20 000 元以下　　　　　　B. 20 000~50 000 元

   C. 50 000~100 000 元　　　　D. 100 000 元以上

4. 您个人收入中,工资收入和其他收入的比重是（　　）。

   A. 工资为主,没有其他收入

   B. 工资为主,其他收入占总收入比例低于 50%

   C. 工资收入为主,其他收入占总收入比例超过 50%

   D. 其他收入远远超过工资收入

5. 您个人每月所负担的税金为（　　）。

   A. 200 元以下　　　　　　　B. 200~800 元

   C. 800~1 500 元　　　　　　D. 1 500 元~3 000 元

   E. 3 000 元以上

6. 您对目前税收负担程度的直观感受是（　　）。（从 0~5 依次增加）

   A. 0　　　　B. 1　　　　C. 2　　　　D. 3

   E. 4　　　　F. 5

7. 您认为根据您的收入水平,合理的税金负担比例应为（　　）

   A. 5%以下　　　　　　　　　B. 5%~10%

   C. 10%~15%　　　　　　　　D. 15%~20%

   E. 20%~25%　　　　　　　　F. 25%以上

8. 您是否有劳务报酬收入（兼职收入）,是否缴税？（　　）

   A. 有兼职收入,从未缴税　　B. 有兼职收入,部分缴税

   C. 有兼职收入,全部缴税　　D. 无兼职收入

9. 您是否有房屋出租收入,情况是（　　）。

   A. 有出租住宅收入,已纳税　B. 有出租住宅收入,未纳税

C. 有出租铺面收入，已纳税　　D. 有出租铺面收入，未纳税

10. 以上两项收入如果未缴税，原因是（　　）。

A. 愿意缴，但无人征收

B. 现行税率过高，不愿意如实申报交纳

C. 其他人都未交纳

D. 劳务报酬（租金）月收入低于800元

11. 您是否赞同在税负合理的情况下，每个社会成员的全部收入都纳入税收管理，实现收入透明化？（　　）

A. 赞同　　　　　　　　B. 不赞同

12. 在全民收入规范的情况下，降低税率，你是否愿意如实申报纳税？（　　）

A. 愿意　　　　　　　　B. 不愿意

13. 您认为中国个人所得税（　　）。

A. 每月3 500元的扣除金额太少

B. 税率应该降低

C. 应该严征管，严处罚

D. 应改为家庭课税

E. 其他，可填写（　　　　　　　　）

14. 您对个人所得税法的困惑有（　　）。

A. 基本不懂税法　　　　B. 税负重

C. 是否公平　　　　　　D. 交了税没有完税证

E. 年终申报问题　　　　F. 按通货膨胀率调整相关生计扣除费用

15. 如果在交纳个人所得税时可以扣除，您最需要扣除的费用是（　　）。

A. 住房的贷款利息　　　B. 住院医疗支出

C. 门诊费用　　　　　　D. 小孩学费支出

16. 如果税收下降，会不会刺激您增加日常消费？（　　）

A. 会　　　　　　　　　B. 不会

17. 如果减税，您最可能增加哪方面支出？（　　）

A. 日常消费　　　　　　B. 储蓄

C. 教育与医疗　　　　　D. 投资

E. 购房

18. 您的年收入超过12万，如果您没有年终申报，原因是（　　）。

A. 周围的人都没有申报　　B. 遭受处罚的可能性极小

C. 不知道申报途径　　　　　D. 很麻烦不想管

E. 其他

19. 您的收入超过 12 万，在下列哪种情况下，你会自愿申报？（　　　）

A. 其他情况不变，税务机关发函要求你个人申报

B. 其他情况不变，税务机关审计频繁

C. 其他情况不变，税法处罚力度加大

D. 其他情况不变，税务机关提供辅助你申报的优质服务

20. 如果你更自觉地申报和缴税，可能还因为以下哪些原因？（　　　）（可选多项）

A. 税制合理

B. 纳税人的地位和权力得以实现

C. 纳税诚信进入个人征信体系

D. 国家提供更好的福利

E. 其他

参考文献

1. 图若尼. 税法的起草和设计 [M]. 国家税务总局政策法规司, 译. 北京: 中国税务出版社, 2003.
2. C. V. 布朗, P. M. 杰克逊. 公共部门经济学 [M]. 张馨, 译. 北京: 中国人民大学出版社, 2000.
3. 鲍德威, 威迪逊. 公共部门经济学 [M]. 邓立平, 译. 北京: 中国人民大学出版社, 2000.
4. 西蒙·詹姆斯, 克里斯托弗·诺布斯. 税收经济学 [M]. 罗晓林, 马国贤, 译. 北京: 中国财政经济出版社, 1988.
5. 詹姆斯·布坎南, 布登·塔洛克. 同意的计算——立宪民主的逻辑基础 [M]. 王华, 译. 北京: 中国社会科学出版社, 2000.
6. 布伦南, 布坎南. 宪政经济学 [M]. 秋风, 王代, 译. 北京: 中国社会科学出版社, 2004.
7. 布坎南. 民主财政论 [M]. 穆怀朋, 译. 北京: 商务印书馆, 2002.
8. 陈共. 财政学 [M]. 北京: 中国人民大学出版社, 1994.
9. 王国清. 税收经济学 [M]. 成都: 西南财经大学出版社, 2006.
10. 刘怡. 财政学 [M]. 北京: 北京大学出版社, 2004.
11. 蒋洪. 财政学 [M]. 上海: 上海财经大学出版社, 2000.
12. 刘宇飞. 西方财政学 [M]. 北京: 北京大学出版社, 2000.
13. 财政部"税收制度国际比较"课题组. 外国税收制度丛书 [M]. 北京: 中国财经出版社, 1996.
14. 蔡秀云. 个人所得税制国际比较研究 [M]. 北京: 中国财政经济出版社, 2002.
15. 解学智. 所得课税论 [M]. 沈阳: 辽宁人民出版社, 1992.
16. 沈玉平. 所得税调节作用与政策研究 [M]. 北京: 中国税务出版

社，1999.

17. 郝硕博. 所得税的经济分析 [D]. 大连：东北财经大学，2001.

18. 毛程连. 西方财政思想史 [M]. 北京：经济科学出版社，2003.

19. 刘溶仓，赵志耘. 税制改革的国际比较研究 [M]. 北京：中国财政经济出版社，2002.

20. 姚明霞. 福利经济学 [M]. 北京：经济日报出版社，2004.

21. 温海滢. 个人所得税制度设计的理论研究 [M]. 北京：中国财政经济出版社，2007.

22. 财政部科研所课题组. 我国居民收入分配状况以及财税调节政策 [J]. 税务研究，2003（2）.

23. 夏琛舸. 所得税的历史分析和比较研究 [M]. 大连：东北财经大学出版社，2003.

24. 陈松青. 我国所得税的效应分析与制度设计 [D]. 厦门：厦门大学，2004.

25. 赵恒. 个人所得论 [D]. 大连：东北财经大学，2004.

26. 靳东升. 个人所得税的改革与完善要实现税收公平 [J]. 武汉金融，2005（7）.

27. 安体富，王海勇. 公平优先、兼顾效率：税收理念的转变及政策的调整 [J]. 涉外税务，2005（9）.

28. 汤贡亮，陈守中. 个人所得税费用扣除标准调整的测算 [J]. 税务研究，2005（9）.

29. 刘小川. 我国个人所得税扣除额的合理性标准选择 [J]. 上海财经大学学报，2005（6）.

30. 石弘光，王逸译. 日本正在转向二元所得税制 [J]. 税收译丛，2007(4).

31. 张世伟，万相昱. 个人所得税制度的收入分配效应 [J]. 财经科学，2008（2）.

32. 陈卫东. 现行税收政策对居民收入分配差距的影响以及改进思路 [J]. 税务研究. 2006（8）.

33. 高培勇. 个人所得税改革前瞻 [J]. 中国财政，2009（11）.

34. 彭海艳. 个人所得税收入分配效应的因素分解 [J]. 统计与决策，2007（23）.

35. 高培勇. 个税改革：还是要加快向综合与分类结合制转轨 [J]. 税务研究，2008（1）.

36. 岳树民. 个人所得税自行申报纳税问题研究［J］. 税务研究, 2008(1).

37. 付广军. 中国个人所得税收入分配的效应分析［J］. 扬州大学税务学院学报, 2009（7）.

38. 安体富. 调整国民收入分配格局 提高居民分配所占比重［J］. 财贸经济, 2009（7）.

39. 李波. 公平分配视角下的个人所得税模式选择［J］. 税务研究, 2009（3）.

40. 杨志勇. 收入分配与个人所得税制改革［J］. 涉外税务, 2009（10）.

41. 孙钢. 我国个人所得税制改革进展:"快板"还是"慢板"［J］. 税务研究, 2010（3）.

42. 付伯颖. 美国联邦个人所得税变迁思考和借鉴［J］. 地方财政研究, 2014（10）.

43. 刘扬, 冉美丽, 刘宗丽. 个人所得税、居民收入与公平［J］. 经济学动态, 2014（1）.

44. Alm. James, Stacy Dickert-Conlin, and Leslie A. Whittington. 1999. "The Marriage Tax." The Journal of Economic Perspectives.

45. Alm. James, Fitzroy lee, and Sally Wallace, How Fair? Changes in Federal Income Taxation And the Distribution of Income, 1978 to 1998.

46. Alms. James, and Mikhail I, Melnik Department of Economics Andrew Young School of Policy Georgia State University, 2004.

47. Alm. James, Is There A "SINGLE TAX?", The Relative Income Tax treatment of single Households, 2001.

48. Dickert-Conlin, Stacy and Scott Houser. 1998. "Taxes and Transfers: A New Look at the Marriage Penalty." National Tax Journal.

49. TAX BURDENS, 2007 ESTIMATES.

50. Diamond, P. A. Optimal Income Taxation: an Example with a U-Shaped Pattern of OptimalMarginalTax Rates［J］. The American Economic Review, 1998, (88): 83—95.

51. Boskin, Michael J. The Vickrey Lecture: Form Edgeworth to Vickrey to Mirrlees, Presentation at the 47th International Atlantic Economic Conference, Montreal, Canada, 1999.

52. Millless, J, An exploration in the theory of optimum income taxation, Review of Economic studies, 1971.

后 记

本书的研究定位于收入分配调节功能的个人所得税制度改革与设计研究，通过分析居民收入分配差距的表现与原因，对我国居民收入分配差距的产生根源进行多方面思考。新的税制设计必须也只能以我国国民经济和收入分配的现状和趋势为基础，税收制度改革也应建立在民生和发展的角度上来思考，在定性和定量研究的基础上，才能提出合理的个人所得税调节收入分配的新主张。

本书在写作过程中遇到很多困难，但作为一项研究，支持自己走下去的除了老师们的关怀，同事朋友的帮助，还有就是关于对税收学的热爱。本书如能够表达对个人所得税制度改革的观点和见解，对我国个人所得税总体税制设计和具体税制要素选择尽到自己的力量，也是莫大的荣幸。

由于受到研究数据信息的限制以及个人精力和知识限制，对收入分配初次分配和再分配问题研究还不够深入，在个人所得税制度要素设计方面也较多地停留在比较研究和定性分析的理论层面，仅对费用扣除进行了较为深刻的定量研究，期待在未来可以对这个课题继续研究。目前笔者正在学习将实验经济学理论运用于税收领域，为我国个人所得税制度设计、申报和征管改革提供新的研究思路和研究方法，为深化税收制度的收入调节能力而不懈努力。

致　谢

　　从2010年博士论文答辩结束到2015年本书充实丰富完成，又一个5年的时间已经过去了。个人所得税研究来自于教学中的疑问，也源于身边的朋友不幸患上重病而导致的中产阶级家庭困境带来的震撼。所以，希望能在自己从事的税收学科领域，做一篇基于民生和发展，基于收入再分配的个人所得税税收制度设计的文章。

　　13年前我刚留校的时候，常常被老教授们提醒教学与科研重在不断学习与长期积累。财政学作为国家治理的基础和重要支柱，专业研究更须保持敬畏之心，始终要保持科学的态度、批判的精神以及人文的关怀。

　　感谢光华园在过去的20余年里给我的美好时光，这所大学的先辈们所构建的严谨与宽松的学术氛围让每一个年轻人能够在教学、科研、实践上有诸多的可能；财税学院老一辈的专家学者一直深深打动着我，感召着我。感谢财税学院的资深教授们常牺牲他们的时间帮助年轻老师拓宽视野并答疑解惑，他们的学者风范、独到的见解、生活阅历让我备受熏陶也受益良多。和税务系的同事们的诸多合作和交流也给了我无穷的启发。

　　我还要感谢一直在生活与工作的道路上陪伴我、爱护我的好朋友们，感谢在光华园遇见你们，感谢你们给予我的丰富思想和无限温暖。

　　最后，将本书献给我深爱的父母。